富爸爸，窮爸爸

【25週年紀念版】

Rich Dad, Poor Dad

羅勃特．T．清崎（Robert T. Kiyosaki）◎著
MTS翻譯團隊◎譯

高寶書版集團

目錄
CONTENTS

二十週年紀念序

二十年……清晰無比的後見之明
昨日．今日．二十年

披頭四樂團（The Beatles）在西元一九六七年六月一日發行《派伯中士的寂寞芳心俱樂部》專輯（Sgt.Pepper's Lonely Hearts Club band）。這張專輯獲得巨大的商業成功，樂評也一致肯定；在英國專輯排行榜上蟬聯二十七週冠軍、在美國蟬聯十五週冠軍。《時代雜誌》稱此為「音樂進展上的一個歷史性起點」，它在西元一九六八年獲得四座葛萊美獎以及年度專輯，是史上第一張獲此殊榮的搖滾專輯。

《富爸爸，窮爸爸》在二十年前——西元一九九七年四月八日，也是我的五十歲生日那天發行。與披頭四的故事不同，這本書並沒有立即在商業上大獲成功、也沒有在書評界得到肯定。事實上，這本書的發行和隨之而來的批評風波，與披頭四故事的發展完全相反。

這本書最開始是自費出版的，因為我們接洽的所有出版商都拒絕出版這本書；還有人在拒絕信上加註了「你不知道自己在說什麼」之類的評語。我發現，大多數的出版商都比較像我那受高等教育的窮爸爸，而不像我的富爸爸。多數的出版商都不認同富爸爸對金錢的看法，就像我的窮爸爸一樣。

二十年後的今天

西元一九九七年時，《富爸爸，窮爸爸》是一個警告，一本對未來諸多提點的書。

二十年後的今天，全球數百萬人更加意識到富爸爸的警告、以及他對未來的提醒。透過可見度百分之百的後見之明，許多人說他提到的這幾課根本就是一種預言……預測一一成真了，例如這些：

富爸爸的第一課：「富人不為錢而工作。」

二十年前，有些出版商拒絕我的原因，就是不認同富爸爸的第一課。

今日，人們更加意識到富人與其他人之間越趨明顯的差距。在西元一九九三年到二〇一〇年之間，美國國民所得的增額中，有超過五十%流向最富有的那百分之一。從那時起，情況越來越糟：加州大學的經濟學家發現，在西元二〇〇九年至二〇一二年間的所得收入中，有九十五%也是屬於最富有的一%那群人。

這一課告訴我們：收入的增加會流向創業家和投資者身上，而非員工——那些為錢工作的人身上。

富爸爸教我們：「存錢的人是輸家。」

二十年前，最多出版商強烈反對的就是富爸爸的這一課。對窮人和中產階級來說，存錢是一種信仰，是脫離貧困的財務解救之道，讓他們受到保護，免受殘酷世界的摧毀。對很多人來說，稱存錢的人為輸家，就像是妄稱耶和華之名一般。

關於這一課的教訓：一張圖勝過千言萬語。看看道瓊工業平均指數一百二十年的趨勢圖，你就會明白為什麼存錢的人是輸家，以及他們如何成為輸家。

我們從下頁的圖中可以看出，在本世紀的前十年裡，已經出現了三次大規模的股市崩盤。第九頁的圖呈現了這三次的崩盤。

第一次崩盤是西元二〇〇〇年左右的互聯網泡沫破滅；第二次和第三次則肇因於西元二〇〇七年的房地產崩盤、以及隨後在二〇〇八年崩潰的銀行業。

道瓊工業平均指數 120 年趨勢圖

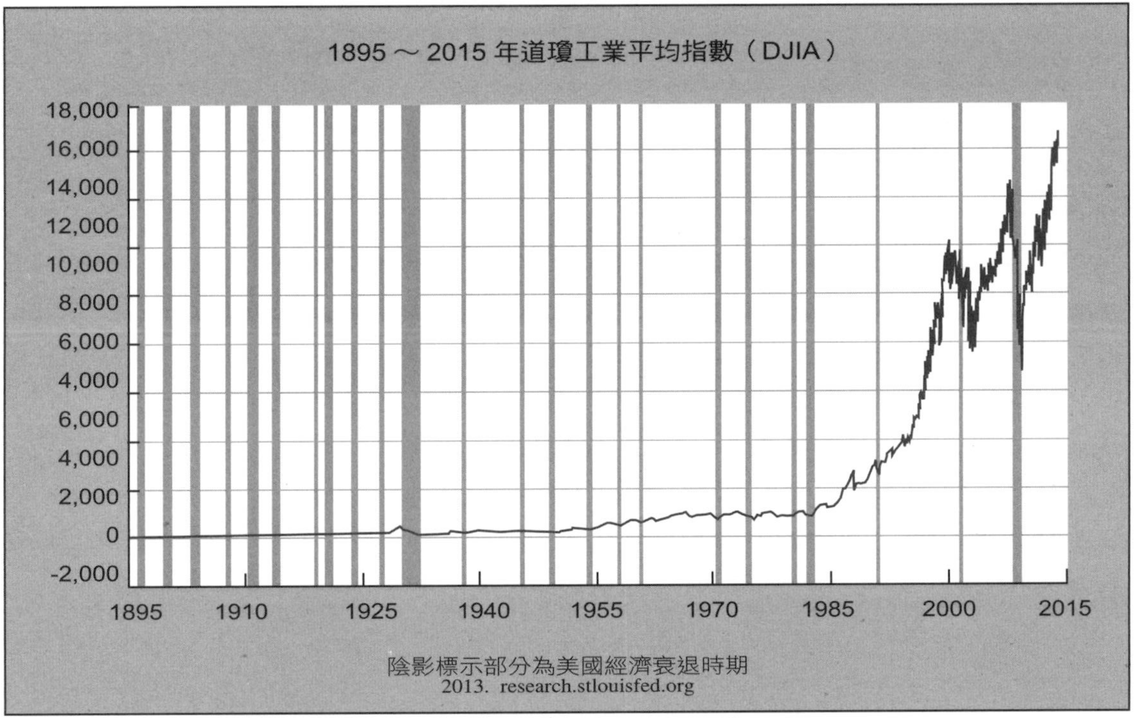

資料來源：標準普爾道瓊指數編製公司（S&P Dow Jones Indices LLC）

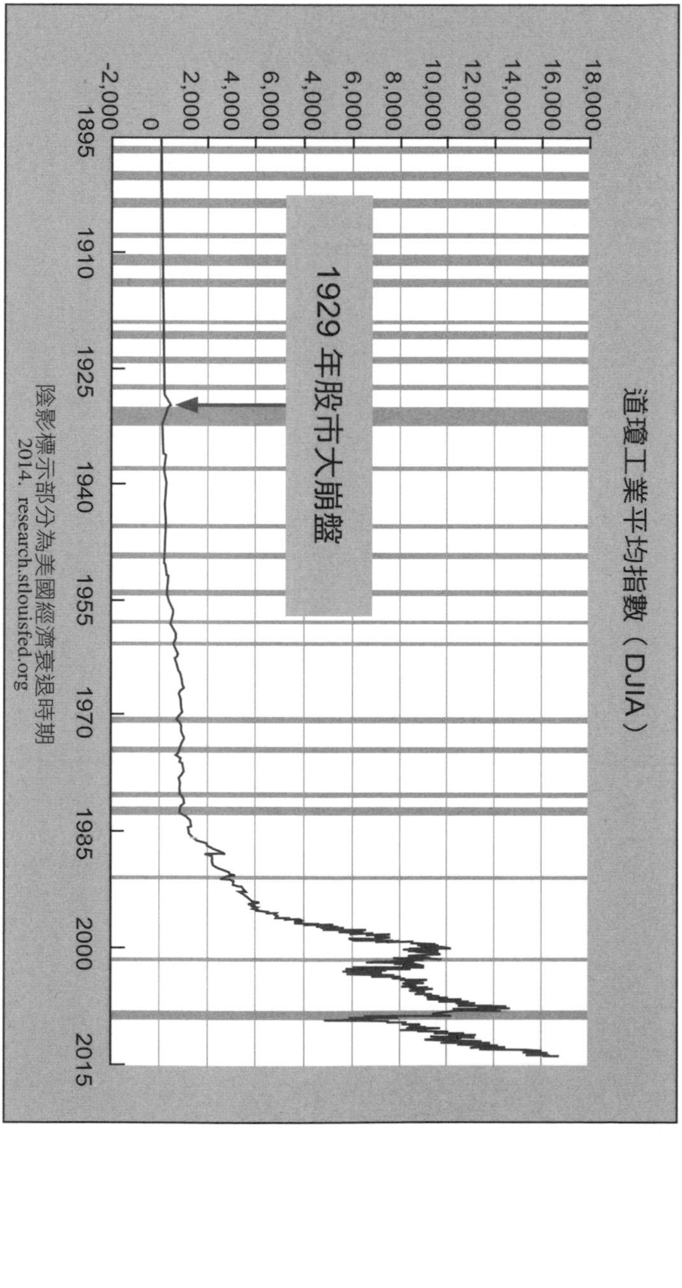

資料來源：標準普爾道瓊指數編製公司（S&P Dow Jones Indices LLC）

一九二九年的大崩盤

我們將二十一世紀前三次崩盤和一九二九年的股市大崩盤相比，就能清楚看出這個世紀的前三次崩盤幅度有多大。

印鈔票

我們可由下頁的圖看出，在每次崩盤之後，美國政府和聯邦準備銀行便開始「印鈔票」。

史上最大印鈔行動！
（聯準會貨幣擴張政策）

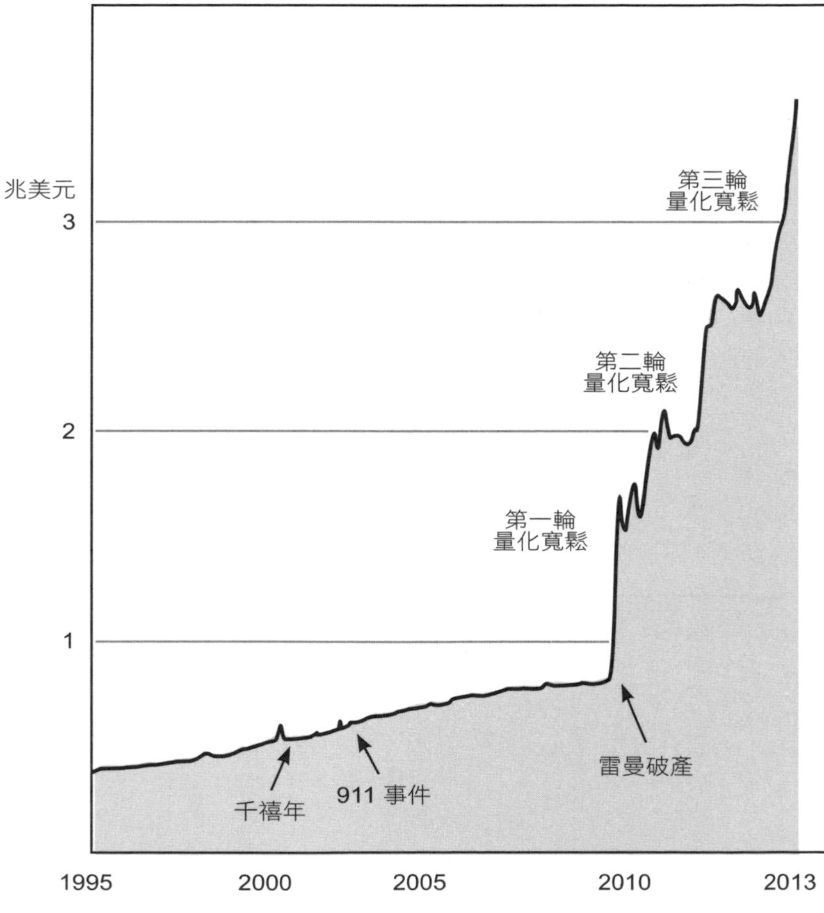

拯救有錢人

在西元二〇〇〇年到二〇一六年間，全世界的銀行打著「救經濟」的名號，不斷降低利率以及印鈔票。領導人希望我們相信他們正在拯救世界；但事實上是富人們在拯救他們自己，並把窮人和中產階級拿來墊背。

今日，許多國家的利率都低於零，而這就是存錢者成為輸家的原因。今天，最大的輸家是窮人和中產階級，也就是那些為錢而工作並把錢存下來的人。

富爸爸教我們：「你的房子不能算是資產。」

在二十年前的一九九七年，每家拒絕我的出版社都批評了富爸爸關於「你的房子不能算是資產」的這一課。

十年後的二〇〇七年，次級抵押貸款者開始違約，全球的房地產泡沫破滅，數百萬的房屋持有人在殘酷的事實中學到了這一課：他們的房子的確不是「資產」。

真正的問題

大多數的人都不知道，房地產崩盤並不是真正的「房地產」崩盤。

窮人沒有引發房地產崩盤，事實上，是有錢人造成房地產崩盤的。有錢人運用財務工程創造了所謂的衍生性金融商品——華倫．巴菲特（Warren Buffett）將此稱為「大規模金融毀滅性武器」。當大規模金融毀滅性武器開始爆炸時，房地產市場隨之崩潰……而大家都把這些怪到那些貧窮的次級抵押貸款者身上。

西元二〇〇七年時，市場上估計有七百兆美元的衍生性金融商品。

今日，衍生性金融商品的規模估計已達一．二千兆美元。換句話說，真正的問題越變越大，而非逐漸改善。

富爸爸教我們「為什麼有錢人繳較少的稅」

二十年前，有些出版商批評《富爸爸，窮爸爸》赤裸裸地揭發了有錢人是如何繳較少的稅、以及背後的原因。有家出版商甚至說這一課是違法的。

十年後的二〇〇七年，歐巴馬總統競選連任，其競爭對手是前任州長米特・羅姆尼（Mitt Romney）。當報導披露歐巴馬總統繳的稅大約是其收入的三十%、而羅姆尼州長繳稅少於十三%時，後者的支持度開始下滑，最終導致競選敗北。「稅」在二〇一六年美國總統選舉中，再次成為焦點。

窮人及中產階級不想探索羅姆尼和唐納・川普總統這些人是「如何合法少繳稅」，相反的，他們因為這些人「少繳稅」而憤怒。

雖然川普總統承諾要為窮人及中產階級減稅，但事實是：有錢人繳的稅永遠都比較少。有錢人繳稅較少的原因可以追溯到富爸爸的第一課：「有錢人不為錢工作」。只要是為錢而工作，就會需要繳稅。

即使總統候選人希拉蕊・柯林頓（Hillary Clinton）承諾要提高有錢人的稅，但她所指的是針對高收入人群（如醫生、演員和律師）加稅，而非真正的有錢人。

二十年前

儘管《富爸爸，窮爸爸》沒有像披頭四的《派伯中士的寂寞芳心俱樂部》專輯一樣，在一夕之間爆紅，但這本書的確在西元二〇〇〇年進入《紐約時報》暢銷書排行榜，並持續上榜近七年之久。此外，我在西元二〇〇〇年時接到歐普拉・溫芙蕾（Oprah Winfrey）電話，上了她的節目受訪整整一個小時。而接下來的發展，就是你們都已經知道的故事了。

《富爸爸，窮爸爸》成為史上第一的個人理財書籍，富爸爸系列書籍在全球的銷售量估計將近四千萬本。

富爸爸是否真有其人？

數百萬人都曾問過這個問題：「富爸爸是真有其人嗎？」要想得到答案，你可以聽富爸爸的兒子邁克在富爸爸廣播節目（Rich Dad Radio Show）中受訪時怎麼說。您可以在 Richdadradio.com 收聽這個節目。

富爸爸研究所

我盡可能用最簡單的方式來寫《富爸爸，窮爸爸》，希望讓盡可能多的人都能理解富爸爸的每一課。

針對想再進一步深入了解的讀者們，我寫了《富爸爸，有錢人為什麼越來越有錢？：到底什麼才是真的財商教育？》這本書，作為《富爸爸，窮爸爸》出版二十週年的紀念與慶祝。

這本書更具體而深入地說明富爸爸在金錢和投資方面真正教給他兒子和我的是什麼。

本書是《富爸爸，窮爸爸》的進階版；是「富爸爸」學生們的研究所。

是警告，也是邀請

我已經盡可能讓《富爸爸，有錢人為什麼越來越有錢？》簡單易懂，但有錢人真正在做的事並不簡單——或者說，不容易解釋。有錢人真正做的事，需要真正的金融理財教育，而這些是在學校裡沒有教的。

我建議先閱讀《富爸爸，窮爸爸》，之後如果想了解更多，可以再接著閱讀

《富爸爸，有錢人為什麼越來越有錢？》。

謝謝你，和我們一起走過美好的二十年。

致：

過去、現在與未來的所有讀者……

富爸爸公司所有成員誠摯對您說聲謝謝，

感謝您和我們一起走過美好的二十年。

我們的使命是提升人類的財務健全……

而這個任務就從一次改變一個人生、一個人開始。

——二〇一八，羅勃特・T・清崎

前言

富爸爸，窮爸爸

我有兩個爸爸，一個富，一個窮。一個受過良好的教育，聰明絕頂，擁有博士的光環，他曾經在不到兩年的時間裡，修完了四年制的大學學業，隨後又在史丹福大學、芝加哥大學和西北大學進一步深造，並且在這些學校都拿到了全額獎學金；但與之相反的是，我的另一個爸爸，連國中二年級都沒念完。

這麼說吧，兩位爸爸的事業都相當成功，一輩子都很勤奮，因此，兩人都有著豐厚的收入。然而，其中一位爸爸終其一生都在個人財務問題的泥沼中掙扎，另一位爸爸則成了夏威夷最富有的人之一。一個爸爸留下一些待付的帳單；另一個爸爸在身後為教堂、慈善機構和家人留下數千萬美元的鉅額遺產。

其實我的兩個爸爸都生性剛強、富有魅力、對他人有著非凡的影響力。他們兩人都曾給過我許多建議，但建議的內容卻總不相同；他們兩人也都深信教育的力量，但向我推薦的課程卻從不一樣。

如果只有一個爸爸，我就僅能對他的建議加以接受或者拒絕。但是，兩個爸爸給我的建議卻是「對立」的，這讓我有了對比和選擇的機會。現在回想起來，實際上，這是一種在富人觀念和窮人觀念之間進行的對比和選擇。

也因為，兩個父親的觀念對立，使我得不到統一的說法，便無法簡單地對這些建議予以接受或拒絕，因此讓我有了更多的思考、比較和選擇。

問題是，在給我建議的時候，富爸爸還不算富有，窮爸爸也並不貧窮，兩人都剛剛開始他們的事業，都在為錢和家庭而奮鬥。然而，他們對於錢的理解卻是完全迥然不同，這就好像一個爸爸會說：「貪財乃萬惡之源。」而另一個爸爸卻會說：「貧困才是萬惡之本。」

當時我還只是一個小男孩，對我而言，擁有兩個同樣深具影響力的爸爸可不是一件容易應付的事。我想成為一個聽話的好孩子，但兩個爸爸卻說著完全不同的話，他們的觀點是如此大相逕庭，尤其當涉及到金錢問題時更是如此，這令我既好奇又迷惑，因而不得不花很多時間對他們的話進行思考。

我費了很多的時間，問自己諸如「他為什麼會那樣說」之類的問題，然後又對另一個爸爸的話提出同樣的疑問。如果不經過思考就簡單地說「喔！他是對的，我同意」，或是拒絕說「這個老爸不知道自己在說些什麼」，我想那應該會容易得多。然而，這兩個我所愛而觀點不同的爸爸卻迫使我對每一個有分歧的問題進行思考，最後形成自己的想法。這一段過程，也就是要自己去思考和選取，而非簡單地照單全收或全盤否定，在後來的漫長歲月中被證明對我是非常有益的。

我逐漸意識到富人之所以越來越富，窮人之所以越來越窮，中產階級之所以總是在債務泥淖中掙扎，最主要的原因之一在於，他們對金錢的觀念不是來自學校，而是來自家庭。我們絕大多數的人都是從父母那裡瞭解到錢是怎麼回事的。一對貧困的父母在培養孩子的理財觀念時，只會說：「在學校裡要好好學習。」結果，他們的孩子可能會以優異的成績畢業，但同時也「繼承」了貧窮父母的理財方式和思維觀念。

據我所知，到目前為止，在美國的學校裡仍沒有真正開設有關「金錢」的基礎課程。學校教育只專注於學術知識和專業技能的教育和培養，卻忽視了理財技能的培訓。這也解釋了為何許多精明的銀行家、醫生和會計師們在學校時成績優異，但一輩子還是要為財務問題傷腦筋；國家岌岌可危的債務問題在很大程度上也應歸因於，那些做出財務決策的政治家和政府官員雖然受過高等教育，卻很少甚至幾乎沒有接受過財務方面的必要培訓。

我常常在想，再過不久，當我們的社會有上百萬的人需要財務和醫療救助時該怎麼辦？當然，家人和政府會救濟他們。可是，當醫療基金和社會保障基金用盡時又該怎麼辦？這並非是杞人憂天，如果我們繼續把教育子女理財的重任交給那些自身缺乏財務知識、正瀕於貧困邊緣或已陷入貧困境地的父母，很難想像僅靠家人和社會的救濟能夠根治他們的「窮」病，實現整個社會的富裕。

由於我有兩個對我有影響力且可以向他們學習的爸爸，逼使我不得不去思考每個爸爸的意見，因此，我認識到一個人的觀念對其一生的巨大影響力。例如，一個爸爸愛說「我可付不起」這樣的話；而另一個爸爸則禁止用這類話，他會說「我怎樣才能付得起呢」這兩句話，一個是陳述句，另一個是疑問句；一個讓你放棄，另一個則促使你去想辦法。那位很快就致富的爸爸解釋說「我付不起」這種話會阻止你去動腦筋想辦法；而問「怎樣才能付得起」則啟動了你的大腦。這並不意味著人們必須去買每一件你想要的東西，這裡只是強調要不停地鍛練你的思維——事實上，人的大腦是世界上最棒的「電腦」。富爸爸時常說：「腦袋越用越活，腦袋越活，賺錢就越多。」在他看來，輕易就說「我負擔不起」這類的話，基本上就是一種精神上的懶惰。

雖然兩個爸爸工作都很努力，但我注意到，當遇到錢的問題時，一個爸爸總會去想辦法解決，而另一個爸爸則習慣於順其自然。長期下來，一個爸爸的理財能力更強了，而另一個的理財能力則越來越弱。我想這種結果類似於一個經常去健身房鍛練的人，與一個總是坐在沙發上看電視的人在體質上的變化。經常性的體育鍛練可以強身健體，同樣地，經常性的頭腦運動可以增加你獲得財富的機會。就像我前面所說的，我的兩個爸爸存在著很多觀念上的差異，連帶影響了他們的思考模式。

一個爸爸認為富人應該繳更多的稅去照顧那些比較不幸的人；另一個爸爸則說：「稅是懲勤獎懶。」一個爸爸說：「努力學習就能去好公司工作。」而另一個則會說：「努力學習就能發現將有能力收購好公司。」一個說：「我不富有是因為我有孩子。」；另一個則說：「我必須富有是因為我有孩子。」一個禁止在晚餐時談論錢和生意，另一個則鼓勵在吃飯時談論這些話題。一個說：「賺錢的時候要小心，別去冒險。」另一個則說：「要學會如何管理風險。」一個相信「我們家的房子是我們最大的投資和資產」，另一個則相信「我們家的房子是負債，如果你的房子是你最大的投資，就有麻煩了」。兩個爸爸都會準時付帳，但不同的是：一個在期初支付，另一個則在期末支付。

一個爸爸相信公司或政府會關心你、滿足你的要求。他總是很關心加薪、退休政策、醫療補貼、病假、有薪假期以及其他額外津貼這類事情。他兩個在軍中服役二十年後獲得退休和社會保障金的叔叔給他留下了深刻印象。他很喜歡軍隊對退役人員發放醫療補貼和開辦福利的做法，也很喜歡透過大學教育繼而獲得穩定職業的人生程式。對他而言，勞動保護和職位補貼有時看來比職業本身更為重要。他經常說：「我辛辛苦苦為政府工作，我有權享受這些待遇。」

另一個爸爸則信奉完全的經濟自立，他反對這種「理所應當」的心理，並且認為正是這種心理造就了一批在經濟上依賴他人的弱者。因此，他提倡競爭。

一個爸爸努力存錢，另一個則不斷地投資。

一個爸爸教我怎樣去寫一份出色的履歷以便找到一份好工作；另一個則教我寫下野心勃勃的事業規劃和財務計畫，進而創造創業的機會。

作為兩個強有力的爸爸的塑造品，我有幸觀察到不同觀念是如何影響一個人的一生，我發現人們的確是在以他們的思想塑造他們的生活道路。

例如，窮爸爸總是說「我從來不曾富有過」，於是這句話就變成了事實；富有的爸爸總是把自己說成是一個富人。他會這樣說：「我是一個富人，而富人從不這麼做。」甚至有一次十分嚴重的挫折讓他破產後，他仍然把自己當成是一個富人。他會這樣鼓勵自己說：「窮人和破產者之間的區別是：破產是暫時的，而貧窮是永久的。」

我的窮爸爸會說「我對錢不感興趣」或「錢對我來說不重要」，富爸爸則會說「金錢就是力量」。

儘管思想的力量並不能拿來被測量或評估，但當我還是一個小男孩時，我就明白思想的重要性，並且開始留意我的思想以及自我表述。我注意到窮爸爸之所以窮，其實並不在於他賺到的錢的多少（儘管這也很重要），而是在於他的想法和行動。我必須極其小心地選擇他們兩位向我傳遞的思想，並做出明確的選擇。唉，我有兩個爸爸，我究竟應該聽誰的話呢？窮爸爸還是富爸爸？

兩個爸爸都很重視教育和學習，但兩人對於什麼才是重要的、應該學習些什麼的看法卻南轅北轍。一個爸爸希望我努力學習，獲得好成績，找個錢多的好工作，希望我能夠成為一名教授、律師或會計師，或者去讀ＭＢＡ。另一個爸爸則鼓勵我學習賺錢，去瞭解如何使錢工作，去學習讓錢為我工作。「我不為錢工作！」這是他說了一遍又一遍的話，「錢要為我工作！」

在我九歲那年，我最後決定聽富爸爸的話並向他學習如何賺錢。同時，我決定不聽窮爸爸的，即使他擁有各種耀眼的大學學位。

羅勃特．佛洛斯特的教誨

羅勃特．佛洛斯特是我最鍾愛的詩人，雖然我喜愛他的許多詩，但最傾心的還是下面這首〈未選之路〉。每當我讀這首詩時，總能從中得到某些啟發：

林中兩路分，可惜難兼行。遊子久佇立，極目望一徑。蜿蜒複曲折，隱于叢林中。
我選另一途，合理亦公正。草密人跡罕，正待人通行。足跡踏過處，兩路皆相同。
兩路林中伸，落葉無人蹤。我選一路走，深知路無窮。我疑從今後，能否轉回程。
數十年之後，談起常歎息。林中兩路分，一路人煙稀。我獨選此路，境遇乃相異。

——羅勃特．佛洛斯特（一九一六）

選擇不同，命運也是不同的。

這麼多年以來，我時常回味佛洛斯特的這首詩。的確，選擇不聽從受過高等教育的爸爸在金錢上的建議和態度是一個痛苦的決定，但這個決定塑造了我的餘生。

一旦決定了聽從誰，屬於我的金錢教育就正式啟動了。富爸爸整整教了我三十年，直到我三十九歲時，他意識到愚笨的我已懂得，並完全理解了他一直努力向我反覆講述的東西時，他才結束了對我長達三十年的教育。

錢是一種力量，但更有力量的是有關理財的教育。錢來了又去，但如果你瞭解錢是如何運轉的，你就有了駕馭它的力量，並開始累積財富。光說不練的原因是絕大部分人接受學校教育後卻沒有掌握金錢真正的運轉規律，所以終其一生都在為錢而工作。

由於我開始金錢這門課的學習時只有九歲，因此富爸爸只教我一些簡單的東西。當他把所有想教給我的東西都說完做完時，總共也只有六門主要的課程，但這些課程在我的腦海中重複了三十多年。本書以下的內容就是關於這六門課的介紹，形式簡單得就如同當年富爸爸教我時那樣。這些課程不是最終答案，而是一個嚮導，一個在這個不確定與快速變化的世界中，幫助你和你的孩子累積財富的嚮導。

第一課：富人不為錢工作
第二課：為什麼要教授財務知識
第三課：關注自己的事業
第四課：稅收的歷史和公司的力量
第五課：富人的投資
第六課：為學習而工作，而不是為了錢

第一課

富人不為錢工作

窮人和中產階級為錢工作；富人讓錢為他們工作。

Rich Dad Poor Dad

怎樣才能變得富有？

「爸，你能告訴我怎樣才能變得富有嗎？」

爸爸放下手中的晚報問：「你為什麼想變得富有呢，兒子？」

「因為這個週末，基米的媽媽會開一輛新的凱迪拉克帶他去海濱別墅度假。基米還說要帶三個朋友去，但我和邁克都沒有被邀請，而沒有被邀請的原因是，我們是窮孩子。」

「他們真這麼說了嗎？」爸爸不相信地問。

「是啊，他們是這樣說的！」我帶著一種受到傷害的聲調回答。

爸爸沉默地搖了搖頭，把他的眼鏡往鼻樑上推了推，然後又繼續讀報紙去了。

我站在那裡期待著答案……

一九五六年，那年我九歲。因為命運的安排，我進了一所公立學校，許多富人把他們的孩子也送到那所學校。我們這個鎮基本上是個甘蔗種植場，種植場的經理和其他有錢人，比如醫生、商人、銀行家，都把孩子送進了這所學校，一到六年級都有。六年級之後，他們的孩子通常會被送進私立學校。因為我家就在這個街區，所以我也進了這所學校。如果我家住在街的另一邊，或許我會去另外一所學校，和那些家庭背景與我差不多的孩子們在一起了。而在六年級之後，我會和那些孩子一道去上公立的中學和高中，因為沒有為我們這類孩子設立的私立中學。

爸爸終於放下了報紙，我敢說他剛才一定是在思考我的話。

「哦，兒子，」他慢慢地開口了：「如果你想變得富有，你就必須學會賺錢。」

「那麼怎麼賺錢呢？」我問。

「用你的頭腦，兒子。」他說著，並微笑了一下，這種微笑意味著：「這就是我要告訴你的全部」，或者「我不知道答案，別為難我了」。

建立合夥關係

第二天一早，我就把爸爸的話告訴了我最好的朋友邁克。邁克和我可以說是這所小學裡僅有的兩個窮孩子，他和我一樣由於命運的捉弄而進了這所學校。其實我們兩人的家裡並不是真的很窮，只是我們感覺很窮，因為其他的男孩都有新的棒球手套、新的自行車，他們的東西都是新的。

媽媽和爸爸也為我們提供了基本生活品，像吃的、戴的、穿的、住的，什麼都不缺，但也僅此而已。爸爸常說：「想要什麼東西，自己賺錢去買。」我們想要東西，但的確沒有什麼工作可以提供給像我們這樣大的九歲男孩。

「我們該怎麼賺錢呢？」邁克問。

「我不知道，」我說：「你想做我的合夥人嗎？」

於是，就在那個星期六的早晨，邁克成了我的第一個事業夥伴。我們花了整整一個上午時間去想賺錢的辦法，其間常常不由自主地談起那些「冷酷的傢伙」正在基米家的海濱別墅裡玩樂。這實在有些傷人，但卻是好事，它刺激我們繼續努力去想賺錢的法子。最後，到了下午，一個念頭在我們的頭腦中閃過，這是邁克從以前讀過的一本科普書裡得到的主意。我們興奮地握手，現在我們的合夥關係終於有了實質的業務內容。

在接下來的幾星期裡，邁克和我跑遍了附近鄰居家，敲門問他們是否願意把用過的牙膏管留下來給我們。迷惑不解的大人們微笑著答應了，有的問我們要它做什麼，對此我們回答道：「這是商業機密。」

幾星期後，我媽變得心煩起來，因為我們選了一個靠近她洗衣機的地方放置我們的原料。在一個曾用來盛番茄醬的大罐子裡，用過的牙膏管正在慢慢變多。

看到鄰居們髒亂、捲曲的廢牙膏管都到了她這裡，媽媽最後採取了行動。「你們兩個到底想要幹什麼？」她問：「我不想再聽到『商業祕密』之類的話，趕快處理掉這些髒東西，否則我就會把它們全扔出去！」

邁克和我苦苦哀求，說我們已經快搜集夠了，只等一對鄰居夫婦用完他們的牙膏後，我們就能立刻生產了。經過一番口舌，最後媽媽給了我們一週的期限。

來自媽媽的壓力使我們的生產日期提前了。我的第一樁生意，由於貨倉收到了媽媽的逐客令而出現危機，邁克的任務變成了告訴鄰居們快些用完他們的牙膏，告訴他們牙醫希望他們比平常更勤快地刷牙，我則開始組裝生產線。爸爸帶著一個朋友驅車而至，來看兩個九歲男孩在公路邊合力操作一條生產線。空氣中飛揚著細白粉末，在一個長桌上是一些從學校拿來的廢牛奶紙盒，以及家裡的烤肉架，這時烤肉架已經被燒紅的炭烤到了極熱，發著白光。

爸爸小心地走過來，由於生產線擋住了車位，他不得不把車停在路邊。當他和他朋友走近時，他們看見一個鋼壺架在炭上，裡面的廢牙膏管正在熔化。在那個時候，牙膏管還不是塑膠做的，而是鉛製的。所以一旦牙膏管上的塗料被燒掉後，被放在鋼壺中的鉛皮就會燒熔，直到變成液體。當鉛皮變成液體時，我們就用媽媽的隔熱布墊著，將溶液從牛奶盒頂的小孔，小心地注入牛奶盒中。

牛奶盒裡裝滿了熟石膏，滿地的白色粉末由於我一時匆忙，打翻了袋子，所以弄得到處是白灰，好像剛剛經歷過暴風雪。牛奶盒就是石灰模的外部容器。

爸爸和他的朋友注視著我們小心翼翼地把熔鉛倒入灰管頂部的小孔中。

「小心！」老爸說。

我也無暇抬頭了，只是點點頭。

最後，當溶液全部倒入石灰模後，我放下鋼壺，向老爸綻開了笑臉。

「你們在幹什麼？」他微笑地問道。

「我們正在按照你說的話去做，我們就要變成富人了！」我說。

「是的，」邁克咧嘴笑著點頭說道：「我們是合夥人。」

「這些模子裡是什麼東西？」老爸有些好奇地問。

「看，」我說：「這是已經鑄好的一爐。」我用一個小錘子敲開中間連接的地方，管子就分成兩半了，我小心地抽掉灰模的上半部，一個鉛製的五分硬幣便掉了下來。

「噢，天啊，」老爸叫了起來：「你們在用鉛製造硬幣啊！」

「對啊，」邁克說：「我們照你說的，在自己賺錢啊！」

爸爸的朋友忍不住轉過身發出一陣大笑，爸爸則微笑地猛搖頭。在一堆火和一堆廢牙膏管旁，他面前兩個滿面白灰的小男孩正在開心地笑著。

爸爸要我們放下手裡的東西和他坐到屋外的臺階上，然後帶著微笑慢慢地向我們解釋了「偽造」一詞的含義。

我們的夢想破滅了！「你的意思是說，這麼做是違法的？」邁克用顫抖的聲音問。

「別怪他們，」我爸爸的朋友說：「他們也許有天會成為天才呢。」

我爸爸瞪了他一眼。

「對，這是違法的。」爸爸溫和地說：「但是，孩子們，別灰心，我為你們剛才表現出來的創造力和獨立思考精神感到驕傲。」

失望之餘，邁克和我在沉默中坐了二十分鐘才開始收拾殘局。我們的生意在剛開始的第一天就結束了。再把地上的粉掃起時，我望著邁克沮喪地說：「我想基米和他的朋友們是對的，我們只能當窮人了。」

爸爸正要離開時聽到了這話，「孩子，」他轉過身來說：「如果你們放棄了，才是真的只能當窮人了。一件事情的成敗並不重要，重要的是你們曾經嘗試過。要知道大多數人只是光會談論和夢想發財，而你們已經付出了行動。我再說一遍，我為你們驕傲，孩子們，別灰心，別放棄。」

邁克和我沉默地站在那裡，這話挺對的，但我們仍不知應該做些什麼。

「那你為什麼不富有呢，爸爸？」我問。

「因為我選擇了當中學老師。中學老師要專心教書，不該去想怎麼發財。我希望我能幫你們，但我真的不知道如何才能賺大錢。」

邁克和我又回去繼續清理現場。

爸接著說：「如果你們希望瞭解如何致富，不要問我，去和你爸談談，邁克。」

「我爸？」邁克皺著眉頭。

「對，你爸爸。」爸爸微笑著說：「你爸爸和我都認識的一個銀行經理，他非常崇拜你爸爸。他有好幾次對我說，你爸爸在賺錢方面是個天才。」

「我爸？」邁克難以置信地問：「那我家為什麼沒有好車和好房子，就像學校裡那些有錢人家的同學一樣呢？」

「高級車和豪宅並不必然意味著你很富有或你懂得如何賺錢。」爸爸答道：

「基米的爸爸為甘蔗種植園工作，他和我並沒有多大差別，他為公司工作，而我為政府工作，是公司為他買了那輛車。但據說種植園正處於財務困境，基米的爸爸可能過不了多久就什麼都沒有了。而你爸爸則不同，他似乎正在建立一個屬於自己的帝國。我相信幾年之內，他就會成為一個非常富有的人。」

聽到這番話，我和邁克又興奮起來了。帶著新的希望，我們迅速清理了首次失敗的生意所造成的混亂。我們還一邊清理，一邊計畫了一個與邁克爸爸談話的內容，例如，該怎樣談？何時談？問題在於邁克的爸爸工作時間很長，並且經常很晚才回家。他爸爸有一個貨倉、一間營造公司、一些店鋪和三個餐館。而正是這些餐館使他經常必須在外面要待到很晚。

清理完畢後，邁克搭上了回家的公車，他會在他爸爸晚上回家後和他談談，並問他是否願意教我們如何賺錢。邁克答應，和他爸爸談完後，無論多晚都給我一個電話。

晚上八點半時電話響了。

「下週六，太好了！」邁克的爸爸同意與我們見面。

課程開始了

邁克和我在那天上午八點和他爸爸碰面了。他仍然很忙，而且在見面前已經工作了一個多小時了。他底下的工程監工剛開著他的卡車離開，我就進到他那窄小而簡樸整潔的家，邁克站在門口迎接我。

「我爸正在打電話，他叫我們在走廊後面等著。」邁克邊說邊開門。

當我舉步跨過這座老房子的門檻時，舊木地板發出「嘎嘎」的聲響。門內地板上有個廉價墊子，這個墊子的磨損程度記錄了經年累月無數次踏上這個地板的腳步，雖然很乾淨，但還是該換了。

當我進入狹小的臥室時，沒來由地感到有些害怕，這間臥室裡塞滿了陳舊發黴的厚重家具，它們早該成為骨董家的收藏了。沙發上坐著兩個女人，她們的歲數比我媽大一些，她們的後面還坐著一個穿著工作服的男人。他穿著卡其布的襯衫和外套，衣服燙得很平整，但沒有上過漿，而且腳下踩著擦得油亮的工作鞋，手上拿著磨得發光的工作簿。他比我爸爸年長十來歲的樣子，約莫有四十五歲吧。當我和邁克經過他們身邊往後院走時，他們對著我們微笑，我也有點靦腆地對他們笑笑。

「他們是什麼人？」我問邁克。

「噢，他們是替我爸幹活的。那個老一點的男人負責管理貨倉，那兩個女人是餐館經理。剛才在門口你也看到工程監工了，他在離這裡五十英里遠的一個公路專案中工作。還有一些監理正在負責房屋建設的專案，不過他們在你到這裡之前就已經走了。」

「每天都是這樣的嗎？」我問。

「沒有，但經常是這樣的。」邁克微笑說著的同時，拉了一張椅子坐在我身邊，「我問過他願不願意教我們賺錢。」

「哦，那他怎麼說？」我急切地問。

「嗯，開始時他臉上有一種取笑的表情，然後他說他有個提議。」

「噢！」我說著，用兩個椅子後腿撐著，把椅子靠著牆蹺起來。

邁克也學我這麼做。

「會是什麼提議呢？」我又問。

「不知道，但很快就會知道了。」邁克說。

突然，邁克的爸爸推開那扇搖搖晃晃的門走進了門廊，邁克和我本能地跳了起來，不是出於尊敬，而是因為嚇了一跳。

「準備好了嗎，孩子們？」邁克的爸爸問道，隨手拖了一把椅子坐到我們旁邊。

我們點著頭，把椅子移到他面前坐下。

他也是個大塊頭的男人，大約一百八十幾公分，九十幾公斤重。我爸的個子要更高些，但和他差不多重。我爸比邁克的爸爸大五歲，他們看起來很像同一類人，但氣質有些不同，也許他們的力氣都很大，我在想。

「邁克說你們想學賺錢，對嗎，羅勃特？」

我快速地點點頭，心裡有點忐忑，在他的微笑和話語後面似乎隱藏著一股很強的力量。

「好，這就是我的提議：由我來教你們賺錢，但我不會像在教室裡教學生那樣教你們，你們得為我工作，否則我就不教。因為透過工作我可以更快地教會你們，如果你們只想坐著聽講，就像在學校裡那樣的話，那我就是在浪費時間了。怎麼樣？小伙子，這就是我的提議，你們可以接受，也可以拒絕。」

「嗯……我可以先問個問題嗎？」我問。

「不能，你只能告訴我是接受還是拒絕。因為我有太多的事要做，不能浪費時間。如果你不能下定決心，就永遠也學不會如何賺錢。要知道，機會總是稍縱即逝，懂得迅速決策，把握住機會，也是很重要的技能。你看，現在你想要的機會就在眼前，這所賺錢學校可以在十秒鐘內開學或者關門，就看你們……」邁克的爸爸微笑著看著我們，但卻沒有說下去。

「接受。」我說。

「接受。」邁克也說。

「很好！」邁克的爸爸說道：「馬丁夫人會在幾分鐘內到達。等我和她處理完事後，你們就跟她去我的雜貨店，然後就可以在那裡開始工作了。我每小時付給你們十美分，每週六工作三個小時。」

「但我今天有一場棒球比賽！」我說。

邁克的爸爸降低聲調嚴厲地說：「接受或者拒絕。」

「我接受。」我趕忙回答，我決定去工作和學習，而不去打棒球了。

三十美分以後

一個美好的星期六早上九點，邁克和我正式開始替馬丁夫人幹活了。她是一個慈祥而有耐心的女人，總是說邁克和我讓她想起兩個兒子，他們長大後就離開了她。馬丁夫人雖然很慈祥，卻強調人應該努力工作，她讓我們不停地幹活。三個小時裡，我們不停地把罐裝食品從架子上拿下來，用羽毛撢拂去每個罐頭上的灰塵，然後再把它們上架。這工作真的很乏味。

邁克的爸爸，就是我稱為「富爸爸」的那一位，擁有九個這樣的小型超市，每一間都有很大的附設停車場。它們是「7-ELEVEN」便利商店的早期版本，當時除了這些小型超市外，附近幾乎沒有可以買到牛奶、麵包、奶油和香煙的雜貨店，所以生意還不錯。問題是，在空調尚未出現之前的夏威夷，因為天氣炎熱使得商店不可能關上門，而且店的兩旁有許多停車位，所以每當有車子經過或開進停車格時，灰塵就漫天飛揚，飄入店內。

所以我們知道，只要一天沒有空調，就不怕沒有工作。

之後的三個星期，每週六邁克和我都會準時向馬丁夫人報到，並在她那裡工作三個小時。中午以前，我們的工作就結束了，她就在我們每人的手中放下三個小銅板。即使是在五〇年代中期，對一個九歲的男孩來說，三十美分實在並不誘人，當時買一本漫畫書就要十美分。所以我時常把錢拿去買漫畫，然後回家。

第四個星期的星期三，我準備退出了。我答應工作是因為我想從邁克爸爸那裡學會賺錢，而現在我卻成了每小時十美分的奴隸。更糟糕的是，自從第一個星期六後，我就再也沒見過要教我們的賺錢老師——邁克的爸爸了。

「我要退出。」吃午餐的時候，我對邁克這樣說。這間學校超無聊的，而且我現在幾乎一點也不盼望著星期六的到來。因為對我而言，現在的星期六換來的僅是三十美分。

邁克得意地笑了。

「你笑什麼？」我沮喪而氣惱地問。

「我爸早料到了，他說如果你不想幹了，就讓我帶你去見他。」

「什麼？」我氣憤地問：「他早就在等著看我哪天受不了？」

「是的，我爸是個不一樣的人，他跟你爸的教育方法不一樣。你的爸媽說得多，我爸爸則說得少。你要等到這個星期六，我會告訴他，你已經準備好了。」

「你是說我被設計了？」

「還不確定，但有可能。我爸會在星期六說明的。」

星期六的排隊等候

我已經準備好要對邁克的爸爸說個明白，因為連我的親爸爸也生氣了。我的親爸爸，就是我前面說的比較窮的那位，他認為我的富爸爸違反了童工法，應該受到調查。

我那受過高等教育的爸爸要我去爭取應有的待遇，每小時至少二十五美分。爸爸說如果我爭取不到加薪，就應該立即退出。

爸爸氣憤地說：「你根本不需要那份該死的工作。」

星期六早上八點到了邁克家，邁克的爸爸開了門讓我進去。我又穿過了邁克家那扇搖晃的大門。

「坐下等著。」邁克的爸爸在我進門時對我說，說完便轉身消失在他那臥室邊的小辦公室裡。

我四下看看，沒發現邁克，我覺得有些侷促，小心地坐到了沙發上，四個星期前見過的那兩個女人笑著為我挪出了一點地方。

四十五分鐘過去了，我開始冒火，那兩個女人已經在三十分鐘前會見完畢離開了。那個老紳士待了二十分鐘後，也辦完事走了。

一個小時過去了，那天夏威夷陽光燦爛，外邊不時傳來大人、孩子嬉戲的笑聲，只剩我還在那幢陳舊黑暗的客廳裡坐著，等候一個剝削童工的小商人召見。我能聽見他在辦公室裡沙沙地走動、打電話，但就是不理我。我真的想出去了，但不知為什麼我沒有走。

又過了十五分鐘，正好九點，富爸爸終於走出了他的辦公室。他什麼也沒說，用手示意要我跟著他去那間小辦公室。

「你要求加薪，否則你就不幹了，是嗎？」他邊說邊在椅子上搖來搖去。

「你不講信用！」我脫口而出，眼淚差點掉下來。這樣的事對一個九歲的小男孩來說是覺得挺委屈的。「你說過如果我為你工作，你就會教我。好，我為你幹活，我工作努力，我甚至放棄了棒球比賽來為你工作，而你卻說話不算數，你什麼也沒教我！就像鎮上每個人說的那樣，你言而無信，還貪心。你想要所有的錢，卻絲毫不關心你的雇員。此外，你一點也不尊重我，讓我等這麼久。我只是一個小孩，我應該有特別待遇才對！」

富爸爸在搖椅裡往後一靠，手摸著下巴盯著我。

「不錯，」他說：「還不到一個月，你已經有點像我的其他雇員了。」

「什麼？」我問。我還沒聽懂他的話，心裡更加氣憤不已，「我認為你會如約教我，然而你卻想折磨我？這太殘忍了，真的太殘忍了！」

「我正在教你。」富爸爸平靜地說。

「你教我什麼了，什麼也沒有！」我生氣極了。「自從我為那幾個小錢幹活以來，你甚至沒和我說過話！十美分一小時！哈，我應該到政府那裡告你的！你知道，我們有『童工法』，我爸可是為政府工作的。」

「哇！」富爸爸叫道：「現在你看起來就像大多數替我幹過活的人了，他們最後不是被解雇就是辭職不幹了。」

「這正是我想要做的！」身為一個小孩，我覺得自己很有勇氣。「你騙了我，我為你工作，而你卻不守信用，你什麼也沒教我。」

「你怎麼知道我什麼都沒教你？」富爸爸仍然平靜地問我。

「你從不和我說話，我替你工作了三個星期，而你什麼也沒教給我。」我噘著嘴說。

「教東西一定要用說的或講的嗎？」富爸爸問。

「是啊。」我回答道。

「那是學校教你們的方式，」他笑著說：「但生活可不是這樣的教法。你知道嗎，生活才是最好的老師，大多數的時候，生活並不對你說些什麼，它只是推著你轉，每一次推，它都像是在說『喂，醒一醒，有些東西我想讓你學學』。」

「這個人在說些什麼啊？」我暗自問自己。「生活推著我轉就是生活在對我說話？」現在我知道我必須辭職了，我正在和一個應該被關進精神病院的傢伙說話。

但富爸爸仍在說：「假如你弄懂了生活這門大學問，做任何事情都會游刃有餘。就算你學不會，生活也會照樣推著你轉。所以在生活中，人們通常會做兩件事，一些人在生活推著他轉的同時，抓住生活賜予的每個機會；而另一些人則任憑生活的擺布，不去與生活抗爭。他們埋怨生活的不公平，因此就去討厭老闆，討厭工作，討厭家人，他們不知道生活也賜予了他們機會。」

當時，我還是不太明白富爸爸的話。

「生活推著我們所有的人，有些人放棄了，有些人在抗爭。學會了這一課的少數人會進步，他們歡迎生活來積極地推動他們，對他們來說，這種推動，意味著他們又可以去學習一些新的東西，然後再進步。當然，大多數人還是放棄了，一部分人像你一樣還在抗爭。」

富爸爸站起來，推開那扇破舊失修的窗子。「如果你學會了這一課，你就會成為一個有智慧、快樂又富有的人。如果你沒有學會，你終其一生只會抱怨工作，抱怨低報酬和難以相處的老闆，活在成天等著天降橫財、一次解決所有財務問題的幻想中。」富爸爸望著，看看我是否在聽。他的眼光與我相遇，我們互相對視著，通過眼睛互相交流著，最後，當我接收了他全部的資訊後，我將眼睛轉開了。我知道他是對的，我在責怪他，但我也的確向他求教。我還在抗拒。

富爸爸繼續說：「如果你是那種沒有膽識的人，你將放棄生活中的每一次挑戰。這樣的話，你的一生會過得穩穩當當，不做錯事，因害怕受到傷害而為了那些根本不可能發生的事情做準備。然後，在無聊中老死。你會有許多像你一樣的朋友，你們在工作上是如此的努力。但事實是，你對生活屈服了，不敢承擔風險。你的確想贏，但是害怕失去的恐懼遠大於成功的興奮，事實上，在你的內心深處，只有你自己知道你沒有奮力爭取，你選擇了打安全牌。」

我們的眼光又相遇了。「你一直在擺布我嗎？」我問。

「有些人可能會這樣解讀，但我寧願說是在讓你品嘗生活的滋味。」富爸爸笑道。

「什麼是生活的滋味？」雖然怒氣未消，但我充滿好奇，甚至準備聆聽教誨了。

「你們倆是第一個請求我教授如何賺錢的人，我有一百五十多個雇員，但沒有一個人請教過我這個問題。他們只是要求工作，並獲得報酬，但是從來沒有要求我教他們關於金錢方面的事。他們把一生中最好的歲月用來為錢而工作，卻不願去弄明白工作到底是為了什麼。」

我坐在那裡專心地聽著。

「所以當邁克告訴我，你們想賺錢時，我決定設計一個和真實生活相近的課程。雖然我也可以說得精疲力盡，但你們會左耳進，右耳出，所以我決定讓生活為你們示範一下，這樣你們就會聽懂我想說的話了，這也就是為什麼我每小時只給你們十美分的用意。」

「那麼我從時薪十美分當中學到什麼呢？」我問：「學到你很摳門，剝削你的員工嗎？」

富爸爸向後靠了靠，開心地笑了起來，隨後便說：「你最好改變一下觀點，停止責備我，認為問題都出在我身上。如果你認為是我的問題，你得想辦法改變我；如果你認為問題在你那裡，你就得去學習，然後改變自己，讓自己變得更聰明。大多數人認為世界上除了自己，其他人都應該改變。讓我告訴你吧，改變自己比改變他人更容易。」

「我不明白。」我說。

「別拿你的毛病來責備我。」富爸爸開始有點不耐煩地說著。

「可是你每小時只給我十美分啊！」

「那麼你學到了什麼？」他笑著問。

「我很便宜。」我不好意思地笑著說。

「瞧，你還是覺得問題在我這裡呢。」富爸爸說。

「但的確是這樣呀。」

「好吧，如果你繼續保持這種態度，你就什麼也學不到。反過來說，如果問題的確在我，你該怎麼辦？」

「嗯，請你提高我的薪資，更尊重我，並教我如何賺錢，否則我就辭職。」

「噢，是嗎？」富爸爸說：「大部分人會這麼做，他們辭職，然後去找另一份工作，期望能得到更好的機會、更高的報酬，認為一份新的工作或更高的報酬會解決所有問題。而在大多數情況下，這是不可能的。」

「那我該怎麼辦呢？」我問，「接受這可憐兮兮的每小時十美分，然後對你微笑嗎？」

富爸爸笑了，「有些人的確會這麼做，但他們只是被動地等待，等待著能有機會讓他們賺到更多的錢去解決問題。於是大部分人接受了，有些人做兩份工作並且更加努力地工作，但仍然只能得到很少的報酬。」

我坐在那裡，眼睛盯著地板，開始聽懂富爸爸的這一課。我感到這的確是生活的原味。最後，我抬頭問，又重複了前面的問題：「那麼，怎樣才能解決問題呢？」

「用這個，」他說著輕輕地拍著我的腦袋，「你兩個耳朵之間的這個傢伙。」

直到那一刻，富爸爸才凸顯出他與他的職員和我窮爸爸的分別——這一點讓他變成了全夏威夷最富有的人之一，而我那受過良好教育的窮爸爸則一生都在財務的泥沼中掙扎。富爸爸獨特的觀念使他的一生都與眾不同。

富爸爸後來一遍又一遍不厭其煩地講到這個觀點，這就是我稱之為「第一課」的內容。

窮人和中產階級為錢而工作，富人讓錢為他們工作

在那個明媚的星期六早晨，我從富爸爸身上學到了一個截然不同於窮爸爸曾經想傳授給我的觀點。就在那一刻，我意識到兩位爸爸都希望我去學習，鼓勵我去研究，但研究的「內容」卻不相同。

受過高等教育的窮爸爸建議我照他的方式去做。「兒子，我希望你努力學習，得到好成績，這樣你就能在大公司裡找到一份穩定有保障的工作，而且會收入不菲。」富爸爸卻希望我去研究錢的運行規則，好讓錢為我所用。在他的指導下，我會在生活中，而不是在教室裡學習到這些課程。

富爸爸繼續著我的第一課：「我很高興你為每小時十美分而生氣，如果你不生氣而是輕易地接受了它，那我只能告訴你，我們無法繼續下去。真正的學習需要精力、激情和熱切的渴望。憤怒是其中一個重要的成分，因為激情正是憤怒和熱愛的結合。說到錢，大多數人都希望穩穩當當地賺取，他們並非受到激情驅使，而是受

到恐懼驅使。」

「這就是他們接受低薪資工作的原因囉？」我問。

「是啊，」富爸爸說：「因為我比種植園和政府付給員工的少，有人說我剝削他們。但我認為是，他們自己剝削自己。那是他們自己的恐懼造成的，和我無關。」

「你不覺得應該多給他們一點嗎？」我問。

「沒有這必要。而且，即使多一點的錢也不能解決問題。比如你父親賺的錢也不少，但仍會欠帳。對大多數人而言，給的錢越多，他欠的債也就越多。」

「這就是一小時十美分的原因，」我笑了，「課程的第一部分。」

「沒錯。」富爸爸也笑了，「你瞧，你爸進了大學而且受到很好的教育，所以他能得到一份高薪的工作。他的確也得到了，但他還是為錢所困，原因就是他在學校裡從來沒學過關於錢的知識。而且最大的問題是，他相信工作就是為了賺錢。」

「你不這麼認為嗎？」我問。

「當然不，」他說：「如果你想為錢而工作，那就待在學校裡學吧！那可是一個學習這種事的好地方。但是，如果你想學習怎樣讓錢為你賺錢，那就讓我來教你。不過首先你得想學。」

「難道不是每個人都想學嗎？」我問。

「不是，」他說：「因為學習為錢工作很容易，特別是當你談到錢的第一感覺是恐懼時，學習為錢工作就更容易了。」「我不明白。」我皺著眉頭。

「別擔心，你只需要知道，就是出於恐懼心。人們大多害怕失去工作，害怕付不起帳單，害怕沒有足夠的錢，害怕從頭改變，因此大多數人都期望得到一份穩定的工作。為了尋求穩定，他們會去學習某種專業，或做生意，拚命為錢而工作，結果大多數人成了錢的奴隸後，就把怒氣對準他們的老闆。」

「學習讓錢為我工作是完全不一樣的學問嗎？」

「是的，」他重複道：「絕對不同。」

在這個美麗的夏威夷早晨，我們靜靜地坐著。我的朋友們應該已經開始他們新一季的棒球聯賽了，但不知為什麼，我現在開始慶幸決定做這一小時十美分的工作了，我覺得我學到了朋友們在學校裡學不到的一些東西。

「準備好學習了嗎？」富爸爸問。

「是的。」我咧嘴笑了。

「我可是遵守了諾言的，我已經帶你預見未來。」富爸爸說：「九歲時，你已經有了為錢而工作的體驗。只須把上個月的工作，重複做五十年，你就知道大多數人是如何度過一生的了。」

「我不明白。」我說。

「你這兩次等著見我的時候，有著什麼樣的感覺？一次是被雇用，一次是要求加薪。」

「很糟糕。」我說。

「如果你選擇為錢而工作，生活就會是這種光景。」

「那麼，每次三小時工作結束，馬丁太太給你三個硬幣時，你又有什麼感覺？」

「我覺得不夠。看起來就像什麼也沒給似的，真讓人失望。」

「這也正是大多數雇員拿到他們薪資單時的感覺，此外還要扣掉稅和其他一些有的沒有的。至少，你拿到的還是百分之百的薪資。」

「你是說工人們也有可能拿到的不是全部薪資。」我吃驚地問。

「當然不是，政府要先拿走一份，這就是稅。」富爸爸說：「你有收入時得繳稅，當你消費時也得繳稅。你存錢時得繳稅，你死的時候還是得繳稅。」

「大家怎麼能接受政府這麼做？」我問。

「富人不會，」富爸爸微笑說道：「只有窮人和中產階級的人才會。我敢說我比你爸爸賺的還要多，因為他需要繳的稅比我還要多。」

富爸爸在椅子裡緩緩搖著，注視著我。

「真的準備好跟我學習了嗎？」他問。

我慢慢點點頭。

「我得說，這裡頭有不少東西要學。學習怎樣讓錢為你工作將是一個漫長的、不斷學習的過程，或許會持續一生。大多數人上了四年大學後，教育也就到盡頭了，可是我知道我會一輩子去研究『錢』這個東西，因為我研究得越深，知道的東西也就越多。大多數人從來不研究這個題目，他們去上班，賺薪資，也不明白自己為何老被錢所困擾，以為多點錢就能解決問題，卻幾乎沒有人意識到缺乏財務知識才是他們真正的問題所在。」

「那我爸總是對稅的問題感到頭痛，這是因為他沒有財務方面的知識嗎？」我疑惑地問。

「稅只是幫助你瞭解如何讓錢為你工作的一個極小的部分。今天，我只是想弄清你是否有熱情去瞭解錢這東西。大多數人都沒有這樣的渴望，他們只想進學校，學點專業技能，輕鬆工作並且賺大錢。當他們某一天醒來面臨嚴重的財務問題時，他們已經不能停止工作。這就是只知道為錢工作，而不知如何讓錢為你工作的代價。你有熱情學習嗎？」

我點了點頭。

「好，」他說：「現在回去幹活，這次我什麼報酬也不給。」

「什麼？」我大吃一驚。

「你聽見我說的了，一毛錢也不給。你每週六同樣做三個小時，但這次不會再有每小時十美分了。你不是說你想學習不為錢而工作嗎？所以我什麼也不給你。」

我幾乎不敢相信我的耳朵。

「我已經和邁克談過了，他已經開始免費幹活了，撣乾淨罐頭上的灰塵再把它們重新擺好。你最好快點回去和他一起幹活。」

「這不公平，」我說：「你總得給點什麼啊！」

「你說過你想學習。如果你現在不學，將來長大了就會像坐在會客室裡的那兩個女人和老頭一樣，為錢工作並且希望我不要解雇他們。或是像你爸那樣，賺很多錢卻債台高築，希望靠更多的錢來解決問題。如果你也想這樣，我可以每小時付你十美分，你可以像其他大人那樣，抱怨這裡薪資太低，辭職另外再找工作。」

「我還是不懂這樣的用意是什麼？」我問。

富爸爸拍了拍我的頭。「動動腦子，」他說：「如果你好好想一想，你會感謝我給了你一個機會，讓你成為有錢人。」

我站在那裡，依舊不相信我達成的新協定。我是來要求增加薪資的，而現在卻被告知以後得做白工了。

富爸爸又一次拍著我的頭說：「慢慢想吧！現在出去開始工作。」

第一課：富人不為錢工作

我沒對爸爸說工錢沒了，他不會理解的，而且我也不想對他解釋我自己也還弄不明白的事。

接下來的三個星期，我和邁克每週六做三小時白工。這工作不再讓我心煩，過程也容易些了。只是無法參加球賽，以及不能再買漫畫書讓我耿耿於懷。

富爸爸在第三個星期的週末中午來了。我們聽見他的卡車停進了停車場，以及引擎熄火的聲音，他走進小店並且和馬丁太太擁抱致意。在視察了店裡的營運情況後，他走向霜淇淋櫃，取出兩個，付了錢，然後對我和邁克打了個手勢說：「孩子們，我們出去走走。」

閃開來往的汽車，我們穿過街道，又走過一大片草地，上頭有許多大人正在打壘球。最後我們坐在可以望著草地的野餐桌前，富爸爸把霜淇淋遞給我和邁克。

「還好嗎？」他問。

「挺好的。」邁克說。

我也點頭同意。

「那學到了什麼沒有？」

邁克和我面面相覷，一起聳聳肩搖了搖頭。

避開一生中最大的陷阱

「你們正在學習一生中最重要的一課，你們應該學會思考。」富爸爸說道：「如果你學會了這一課，你將一生享受自由和安定；如果沒有學好這一課，你們就會像馬丁太太和在這塊空地玩壘球的人一樣了此一生。他們為一點點錢而勤奮工作，沉溺在工作能賦予它們安全感的假象，盼著一年三週的假期和工作四十五年後獲得的一小筆養老金。如果你們也喜歡這樣，我就把薪資提高到每小時二十五美分。」

「但他們都是努力工作的好人，你在嘲笑他們嗎？」我問道。

一絲笑容浮上了富爸爸的面龐。

「馬丁太太對我就像媽媽一樣，我絕不會那麼殘忍地對待她的。我上面的話可能聽起來很無情，可是我正盡力向你們說明一些事情。我希望拓寬你們的視野，以便讓你們看清一些東西。這些東西甚至大多數成年人也從未看見過，因為他們眼光狹隘，大多數人從不知道他們身處困境。」

邁克和我還是不太明白他的話。他聽起來很無情，然而我們能感到他確實急於想讓我們明白一些事情。

富爸爸笑著又說了：「一小時二十五美分怎麼樣？這樣是否能讓你們心跳加速？」

我搖搖頭說：「不會啊。」但事實上，一小時二十五美分對我而言可真是一大筆錢啊！

「好，我每小時給你一美元。」富爸爸帶著狡黠地笑容說。

我的心開始狂跳，腦袋一股聲音喊著：「接受，快接受。」我的心裡在喊，難以置信我所聽到的，所以什麼也沒說。

「好吧，每小時兩美元。」

我那九歲的腦袋瓜和心臟幾乎要爆炸了。畢竟這是一九五六年，每小時兩美元將使我成為世界上最有錢的孩子！我無法想像能賺到這麼多錢。我想說：「好啊！」我真想達成這筆交易，我似乎看見一輛全新的自行車，一副新的棒球手套，以及當我拿出錢時同學們羨慕的表情。最重要的是，基米和他的朋友再也不能叫我窮人了，但不知怎麼地，我仍遲遲未開口。

霜淇淋化了，流到了我手上。富爸爸看著兩個孩子盯著他，眼睛睜得大大的，腦子裡卻空空如也。事實上，他正在考驗我們，而且他也知道我們很想接受這筆交易。他知道每個人都有可以被擊中的弱點，也知道每個人都有一種強大、堅定、無法用金錢收買的精神，問題在於哪一股力量比較強大。

「好，一小時五美元。」

我的心裡突然間平靜下來，開始發生一些變化。這個出價太高了，顯得有些荒謬。在一九五六年，連成年人也沒有幾個人可以每小時賺得五美元的。突然間誘惑消失了，平靜回來了。我慢慢地轉過頭去看邁克，他也在看我。我靈魂中軟弱而貧乏的一面沉默了，無法用錢收買的一面占了上風。我知道邁克也一樣。

「很好，」富爸爸輕輕地說：「大多數人都希望有一份薪資收入，因為他們有恐懼和貪婪之心。先說恐懼感，沒錢的恐懼會刺激我們努力工作，當我們得到報酬時，貪婪或欲望又開始讓我們去想所有錢能買到的東西。於是就形成了一種模式。」

「什麼模式？」我問。

「起床，上班，付錢；再起床，再上班，再付錢……他們的生活就是在無窮盡地為兩種感覺奔忙：恐懼和貪婪。給他們更多的錢，他們就會以更高的開支重複這種迴圈。這就是我所說的『老鼠賽跑』。」

「有什麼法子嗎？」邁克問。

「有，但只有少數人知道。我希望你們能在工作中以及跟我學習的過程中找到解決的辦法，這就是我不給你們任何薪資的原因。」

「有什麼提示嗎？」邁克問：「我們工作得很累，尤其是做白工的時候。」

「哦，第一步是講真話。」富爸爸說。

「我們可沒撒謊。」我叫道。

「我沒說你們撒謊，我的意思是要說出真相的。」富爸爸回道。

「關於什麼事情的真相？」

「關於你的真實感受。你不用告訴任何人，只消承認你的真實感受。」

「你說這公園裡的人，那些為你工作的人，還有馬丁夫人，他們都沒有這麼做？」

「我想是的。相反的，他們感受到沒有錢的恐懼，他們並非理性面對，而是未經腦袋思考，做出情緒性的反應。」富爸爸繼續說：「接著他們是賺了一點錢，可是同樣地，快樂、欲望、貪婪的情緒又控制了他們，他們又做出反應，但仍然是不加思考。」

「情緒控制了他們腦袋。」邁克說。

「正是如此，他們不承認自己的真實感受，只是對感受做出反應，卻不去思考。他們感到恐懼，於是去工作，希望錢能消除恐懼，但錢不可能消除恐懼。於是，恐懼追逐著他們，他們只好又去工作，希望錢能消除恐懼，但還是無法擺脫恐懼。恐懼使他們落入工作的陷阱，賺錢——工作——賺錢，希望有一天能消除恐懼。但每天他們起床時，就會發現恐懼又跟他們一起醒來了。恐懼使成千上萬的人徹夜難眠，憂心忡忡。所以他們又起床去工作了，希望薪水能讓恐懼停止啃蝕他們的靈魂。錢主宰著他們的生活，他們拒絕說出真相，錢控制了他們的情緒和靈魂。」

富爸爸靜靜地坐著，讓他的聲音漸漸消失。邁克和我聽著他的話，但不能完全明白他在講些什麼。我常常搞不懂大人們為什麼總是急急忙忙去工作，這事看起來真是無趣，而且他們看起來也不快樂，但好像總有些東西一直逼他們急著去工作。

意識到我們已經盡可能地吸收了他的話後，富爸爸說：「我希望你們倆能避開這個陷阱，這就是我想教你們的，而不只是致富，致富並不能解決問題。」

「不能嗎？」我驚奇地問。

「不能。讓我談談另一種情緒：渴望。有人把它稱為貪婪，但我寧可稱之為渴望。渴望得到更好、更漂亮、更有趣或更令人悸動的事物是相當正常的，所以人們也會出於渴望而為錢工作。他們渴望用金錢得到他們認為可以買到的快樂，用錢買來的快樂往往很短暫，所以他們不久就需要更多的錢來買更多的快樂、更多的喜悅、更多的舒適和更多的安全感。於是他們工作又工作，以為錢能使他們被恐懼和欲望折磨的靈魂可以平靜下來，但實際上，錢是辦不到的。」

「即使是富人？」邁克問。

「富人也是如此。事實上，許多人致富並非出於渴望，而是由於恐懼。他們認為錢能消除那種沒有錢、貧困的恐懼，所以累積了很多的錢，卻發現恐懼感更加強烈了，現在恐懼的是失去那些錢。我有一些朋友已經很有錢了，但還在拚命工作，甚至有些百萬富翁比窮困時還要恐懼，怕極了失去所有。驅使他們致富的恐懼感日益加劇，靈魂中軟弱、渴求的那一面發出更高聲的吶喊。他們不想失去大房子、車子和錢帶來的上等生活。他們甚至擔心一旦沒錢了，朋友們會怎麼說。許多人在情感上相當絕望、焦慮，儘管他們很富有。」

「那窮人是不是比較快樂？」我問。

「我可不這麼認為。閉口不談錢就像依賴錢一樣是一種心理疾病。」

這時，就像約好了似的，鎮上的遊民走過我們的桌子，停在大垃圾桶旁翻撿起來。我們三個好奇地注視著他，剛才我們幾乎沒意識到他的存在。

富爸爸從皮夾掏出一美元，向那位老先生招招手。那位遊民看到錢立即走過來，他收了錢，一個勁兒地向富爸爸道謝，接著欣喜若狂地拿著錢走了。

「他就和我大多數的雇員一樣，沒有多大的差別。」富爸爸說：「我遇過很多人，他們說『我對錢沒興趣』，可是卻一天工作八小時。這是拒絕承認真相。如果他們對錢沒興趣，又何必工作呢？這種想法大概比愛存錢的人還病態。」

當我坐在那裡聽著富爸爸的話時，腦中閃過無數次我爸爸曾說過的話：「我對錢不感興趣。」他常說這句話：「我工作是因為我熱愛這個職業。」

「那我們該怎麼辦？」我問：「不為錢工作直到所有的恐懼和貪婪都消失嗎？」

「那只會浪費時間。人之所以為人就是因為情緒。情緒這個詞代表的是『運轉的能量』。忠於你的情緒，並且讓你的腦袋和情緒為你所用，而非和你自己作對。」

「哇嗚！」邁克叫了起來。

「別擔心我剛剛說的這番話，未來你會漸漸有更多體悟。好好察覺你的情緒，別急於做出回應。大多數人不知道其實是他們的情緒在替他們思考。你的情緒就只是你的情緒，你必須學會自己思考。」

「你能給我們舉一個例子嗎？」我問。

「可以。當一個人說『我得去找份工作』，這就很可能由情緒作思考的狀況。害怕沒錢的恐懼產生了這個念頭。」

「但是如果人們要付帳單的話，他們的確需要錢啊。」我說。

「的確如此。」富爸爸笑道：「我想說的只是恐懼太常代替人們思考了。」

「我不懂。」邁克說。

「比如說吧，如果錢不夠的恐懼升起，與其立刻去找份工作，他們也許該問自己這個問題：長遠來說，這份工作是消弭恐懼的最佳解決方式嗎？在我看來，答案是否定的。工作只是這個長期問題的暫時解決辦法而已。」

「但我爸總是說『去上學，取得好成績，這樣你就能找到穩定的工作』。」我有些迷惑地插嘴道。

「是啊，我懂他的意思。大多數人都這麼給建議的，而且對於大多數人來說，這也確實是條好途徑。但人們做出這種建議，基本上仍是出於恐懼。」

「你是說我爸這麼說是因為害怕？」

「是的，他擔心你將來賺不到錢，無法融入這個社會。別誤解了我的話，他愛你而且希望你得到最好的。我也相信教育和工作很重要，但它們處理不了恐懼。要知道，促使他每天起床去賺錢的恐懼，和造成他這麼熱衷於要你去上學的恐懼，其實是同一種。」

「那你的建議是什麼呢？」我問。

「我想教你們駕馭金錢的力量，而不是害怕它，這在學校裡是學不到的。如果你不學，你就會變成錢的奴隸。」

我終於理解了，他想拓展我們的視野，去看見其他如馬丁太太之類的人沒看見的世界。他舉的例子在當時聽起來很殘酷，但我畢生難忘。我的視野在那天被打開了，開始注意到大多數人所面臨著的「陷阱」。

「你看，我們說到底都是雇員，只不過在不同層級工作而已。我只希望你們這兩個孩子有機會避開由恐懼和渴望這兩種情緒所造成的陷阱，讓這兩種情緒為你所用，而非與你作對。這就是我想教你們的。我對教你們如何賺到大把鈔票沒有興趣，那處理不了恐懼或渴望。如果你們不先處理恐懼和欲望，即使你們致富了，也只不過是高薪的奴隸而已。」

「那我們該怎樣避開陷阱？」

「造成貧窮和財務問題的主要原因是恐懼和無知，而非經濟環境、政府或富人。自身的恐懼和無知使人們身處陷阱，所以你們應該去上學並且接受大學教育，而我會教你們怎樣不落入陷阱。」

拼圖終於一片片到位了。我爸爸受過高等教育，有著很好的職業，但學校從不告訴他如何處理金錢或恐懼。我可以從兩個爸爸那裡學習到不同的、但同樣都是很重要的事情。

「你一直談到對缺錢的恐懼，那麼對錢的欲望又是如何影響我們的思想呢？」

邁克問。

「當我用更高的薪資引誘你們時，你們有什麼感覺？你感到欲望在膨脹嗎？」

我們點點頭。

「但你們沒有對情緒屈服，你們延後做出回應，並且思考，這是極為重要的。我們總是有著恐懼或貪婪之心。從現在開始，對你們來說，重要的是運用這些情緒為你們謀利，別讓你們的情緒控制了思想。大多數人讓他們的恐懼和貪婪阻撓了自己，這是無知的開始。因為恐懼和渴望，大多數的人終其一生都在追逐薪資、加薪和就業保障，不問這種受情緒驅使而生的想法會帶領他們通往何方。這就像一幅畫：驢子在拚命拉車，因為車夫在牠鼻子前面放了個胡蘿蔔。車夫知道該把車駛向哪裡，而驢子卻只是在追逐一個幻象。但第二天驢子依舊會去拉車，因為又有胡蘿蔔放在了牠們的面前。」

「你的意思是，當時在我腦海中的那些棒球手套、糖果和玩具的畫面，就像那頭驢子面前的胡蘿蔔一樣嘍？」

「不錯。當你長大後，你的玩具會變貴，會變成要給你的朋友留下深刻印象的汽車、汽艇、大房子。」富爸爸笑著說：「恐懼把你推出門外，欲望又召喚你。這就是陷阱。」

「那答案是什麼呢？」

「無知讓恐懼和渴望加劇，這就是為什麼很多有錢人越富有卻越恐懼。錢就是胡蘿蔔、是幻象。如果驢能看到事情的全貌，牠可能會重新想想是否還要去追求胡蘿蔔。」

富爸爸解釋說，人生實際上是在無知和幻象之間掙扎奮戰。

他說，一旦一個人停止追求資訊和自覺，就會變得無知。這是一場你必須時時刻刻做出抉擇的奮戰——究竟是要學著打開你的心智，還是封閉起來。「聽著，學校是非常重要的地方。在學校，你學習一種技術或一門專業，成為對社會有益的人。每一種文明都需要教師、醫生、工程師、藝術家、廚師、商人、警察、消防隊員、軍人。學校培養了這些人才，所以我們的社會可以興旺發達。但不幸的是，對許多人來說，學校是終點而不是開端。」

接下來是長長的沉默。富爸爸依舊微笑著，我還沒弄明白那天他說的全部。

但我已經意識到富爸爸是個很偉大的老師，他的話在我耳邊迴響了很多年，直到現在我都還在回味其中的道理。

「今天我有點殘酷。」富爸爸說：「我希望你們永遠記住這次談話，我希望你們多想想馬丁太太，多想想那頭驢子。永遠別忘記，如果你沒有察覺到恐懼和渴望控制了你的思想，它們就會帶著你落入此生最大的陷阱。終其一生活在恐懼中，從不探索你的夢想，這是很殘酷的。拚命為錢工作，以為錢能買來快樂，這也是殘酷的。半夜醒來擔心許多帳單要付是一種可怕的生活方式，過著由薪資多寡來決定的生活，並不是真正的人生。認為工作能帶來安全感的人，不過是欺騙自己而已。這些都很殘酷，而我希望你們能避開這些陷阱。我見過人們的生活是如何被金錢操控左右，別讓這種事發生在你們身上，千萬別讓錢主宰你們的生活。」

這時，一顆壘球滾到了桌下，富爸爸撿起來扔了回去。

「那麼，無知和恐懼、貪婪又有什麼關係呢？」我問。

「因為對錢無知導致了諸多的貪婪與恐懼。我可以給你一些例子，一個醫生為了想多賺些錢，讓家人過得更好，於是就提高了收費，這使每個人的醫療支出增加。受害最大的是窮人，所以窮人的健康狀況比富人差。由於醫生提高收費，律師也提高收費；由於律師提高收費，學校老師也想加薪，這就使得稅賦跟著加重。就這樣環環相扣，不久之後，富人和窮人之間就有了一條可怕的鴻溝，混亂就會爆發，造成另一個文明大崩壞。歷史證明，當窮人與富人的鴻溝大到極點時，文明社會就會崩毀。不幸的是，美國現在正重蹈覆轍，因為人們沒有引以為鑑。我們只記得歷史事件發生的時間和名稱，卻沒有記住教訓。」

「難道價格不應當上漲嗎？」我問。

「在一個教育水準高和政府管理良好的社會中，價格是不會上漲的，事實上還應該是下降才對，當然，這通常只在理論上可行。價格上漲是由於無知引起的貪婪和恐懼。如果學校教學生認識金錢，社會上就會有更多金錢流通，價格也會更低廉。但學校關注的只是教學生為錢而工作，而不是如何駕馭錢的力量。」

「但我們不是有商學院嗎？」邁克問：「而且你不是鼓勵我拿企管碩士學位？」

「是的！」富爸爸說：「但商學院通常把員工訓練成斤斤計較的世故人士。

千萬別讓這種算計小錢的人掌管事業，他們只會看數字、炒人魷魚，扼殺了這門事業。我之所以知道這些，是因為我僱用這類的人，他們所想的只是降低成本、提高價格，事實上這會帶來更多的問題。精打細算的確很重要，我希望更多人懂得這一點，但這同樣也不是全貌。」富爸爸生氣地補充說道。

「那有解決辦法嗎？」邁克問。

「有的。」富爸爸說：「學會運用你的情緒去思考，而非思考時帶著情緒。當你們控制住情緒，同意免費幹活時，我就知道你們還有希望。當我用更多金錢誘惑你們，你們再度克制住情緒，你們就又一次學會思考，而不是任由情緒高漲。這是第一步。」

「這一步為什麼如此重要？」我問。

「噢，這得由你自己來找答案了。如果你想學，我將帶你們進入荊棘叢，這是多數人都會避開的地方。但跟著我，你們將學會如何讓錢為你們工作，並且揚棄為錢工作的想法。」

「我們跟著你會得到什麼呢？要是我們同意跟你學，我們能學到什麼呢？」我問。

「和布雷爾兔（Brer Rabbit）得到的東西一樣。」富爸爸說道。他引用的是經典童書裡面的角色。

「那裡也會有荊棘嗎？」

「是的，所謂的荊棘，就是我們的恐懼和貪婪。面對我們的貪婪、弱點和需索，選擇我們自己的想法才是出路。」

「選擇我們的想法？」邁克不解地問。

「是的，選擇我們的想法，而不是只對情緒做出反應。不要因為害怕沒錢付帳單，就用起床工作這方法來解決問題。你要問問自己，更努力地工作真的是解決這個問題的最好方法嗎？許多人都過於恐懼，以至於無法理性地好好把事情想個透澈，只好匆匆出門找份自己痛恨的工作，因為他們受制於焦油娃娃（tar baby，用來誘捕布雷爾兔的玩偶，意指其困境）。這就是我所指的選擇你的想法。」

「我們怎樣才能做到這點？」邁克問。

「那是我將來要教你們的。我會教你能夠選擇你的想法，而非只是條件反射式地行動，例如囫圇吞地灌下早餐咖啡後匆匆出門工作。記住我先前所說的：工作只是面對長期問題的一種暫時解決辦法。大多數人腦海裡只有一個問題，並且是短期的，那就是月底的帳單，也就是焦油娃娃。錢掌控了他們的生活，或者我該說是對錢的無知或恐懼控制了他們的生活。所以他們就像他們的父母一樣生活，早早起床工作賺錢，從不抽出時間想想：『有什麼別的法子嗎？』他們的思想被情緒控制著，而不是由腦袋控制。」

「你能區分情緒思考和腦袋思考的區別嗎？」邁克問。

「噢，當然。我老是聽到這種話。」富爸爸說：「『每個人都必須去工作』，或是『富人是騙子』、『我要換份工作』、『我應該得到更高的薪資，你不能任意擺布我』，或者『我喜歡這份工作是因為它很安定』。沒有人去問：『我是不是缺少、遺漏了什麼？』這會讓你突破情緒性思考，給你時間想清楚。」

我們走回小店的路上，富爸爸解釋說富人的確是在「造錢」，他們不為錢而工作。他接著解釋當我和邁克用鉛鑄五分錢硬幣時，我們想著那是在「造錢」，我們的想法和富人的想法實際上是很接近的，問題是我們的做法不合法，只有政府和銀行才能合法地做這種事。他告訴我們，有合法的方式無中生有，創造出錢來。富爸爸繼續解釋說，富人知道錢是種幻象，就像驢子的胡蘿蔔一樣。正是由於恐懼和貪婪，讓數十億相信錢是真實的人，一起維繫了錢的幻象。錢不是真實的，的確是造出來的，只因為大家虛幻的信心以及眾人的無知，才讓這個空中樓閣屹立不搖。他說到美國正使用的金本位制，每一張美鈔實際上都是一張銀元卷。他擔心的是，謠傳未來終有一天會撤消金本位制，那麼美元將再也不會有實質的資產作為擔保。

「這種事如果真的發生，孩子們，天下就要大亂了。窮人、中產階級和無知的人的生活將被毀掉，只因為他們相信錢是真實的，而且相信所屬的公司和政府會照顧他們。」

我們的確不太明白那天這席話的含義，但多年以後，我越來越能體會。

看見了別人看不見的

他上了停在店外的小卡車時說：「繼續工作，孩子們，你們越快忘了需要薪資這件事，你們的成年生活就會越好過。繼續用你們的腦子思考，無償工作，很快地你們的腦袋就會為你們指出賺錢之道，用這些方法賺到的錢會遠比我能支付你們的薪水高得多。你們會看到別人看不見的東西，大多數人從來看不見那些機會，因為他們忙著尋求金錢和安定，因此得到的也只有那些。一旦看出一個機會，你這輩子就能不斷發現其他機會。當你們學會找到機會時，我會教你其他的事。學會了這些，你就能避開生命中最大的陷阱。」

邁克和我收拾好東西與馬丁太太道別。我們走回公園，又坐回到那張長椅上，花了好幾個小時思考和討論。

第二個星期在學校裡，我們仍然在思考和討論這些問題。接下來的兩個星期，我們一直這麼進行著，同時繼續免費工作。

第二個星期六工作結束時，我一如往常向馬丁太太道別，道別時我的眼光停留在架子上的漫畫書。每週六連三十美分都沒賺到，最難過的就是沒有錢買漫畫書了。而就在馬丁太太對我和邁克說再見時，突然間我看見她做了一件我以前從未看過的事。馬丁太太把漫畫書的封面從中剪半，她把封面的上半部留下，將剩下的書扔進一個大紙箱裡。我問她要怎麼處理這些漫畫書，她說：「我要把它們扔掉。當書商送新書的時候，我會把封面的上半部交給他，作為沒有賣掉的證明。他一小時之後就會到。」

我和邁克等了一小時，書商一抵達我就問他是否能把那些漫畫書送給我們。他說：「如果你們是替這家店幹活的，並且保證不會轉售，我就送給你們。」

還記得我們之前的合夥關係嗎？我和邁克再度成了合夥人。

邁克家的地下室有個空房間，我們開始在裡面堆起上百本漫畫書。很快地，我們的漫畫圖書館就對外開放了。我們雇用了邁克的妹妹——她很愛讀書——來當圖書管理員。她向每個來看書的孩子收十美分，開放時間是每天放學後，下午兩點半到四點半。我們的顧客，也就是社區裡的孩子們，在這兩個小時內想看多少本就看多少本。這對他們來說非常划算，因為一本漫畫書就要十美分，而他們在兩小時內可以看五、六本書。

當顧客離開時，邁克的妹妹要負責檢查，確保他們不會把書借走。她還要保管書，記錄每天有多少人來、他們的名字，以及他們有哪些意見指教。邁克和我在三個月內平均每週可賺到九塊半美元。我們每週付給他妹妹一美元，而且允許她免費看漫畫，但她很少去看漫畫，因為她總是在讀書。

邁克和我遵守承諾，每週六仍去便利商店幹活，並且從各家店收集不要的漫畫書。我們信守對書商的諾言，沒有賣出任何一本漫畫書。當書實在太破舊了，我們就燒掉它。我們試圖想開一家分館，但我們實在找不到一個像邁克妹妹那樣可以信任且認真的管理員。小小年紀，我們就已發現想找個好職員實在困難。

圖書館開張三個月後，館內發生一起打鬥事件，鄰近社區的惡霸們想強行進入。邁克的爸爸建議我們結束營業，所以我們的漫畫書生意結束了，同時我們也不再到便利商店工作。但富爸爸十分興奮，因為他又有新東西要教我們。他很高興，因為我們的第一課學得非常好：我們學到讓錢為我們工作。由於在商店工作沒有得到報酬，我們不得不發揮想像力去尋找賺錢的機會；我們自己創業——開了漫畫圖書館——我們掌握了自己的財務，而不是依賴雇主。最棒的是，就算我們人不在那裡，我們的事業仍持續為我們創造財富。是的，我們的錢為我們工作。

富爸爸沒有付給我們工錢，卻給了我們更多的東西。

第二課

為什麼要教授財務知識

你必須明白資產和負債的區別，並且購買資產。

一九九〇年，邁克接管了他爸爸的商業王國，而且經營得比他爸爸還出色。我們每年都會在高爾夫球場上見一、兩次面。他們兩夫妻的財富遠超過你的想像。富爸爸的王國被管理得很好，而邁克也開始培養他的兒子作為接班人，正如當年富爸爸訓練我們那樣。

一九九四年，我退休了，時年四十七歲，我的妻子金三十七歲。退休並不意味著整天無所事事，對於我和我妻子來說，除非發生意想不到的災變，否則我們完全可以選擇工作，也可以選擇不工作，我們的財富自動增長，將通貨膨脹拋在後頭。我們的資產已經多到可以自我增值，就像種下了一棵樹，你日復一日地灌溉它，直到有一天它不再需要你的照料，因為它的根已經夠深，你現在已經可以享受它的樹蔭了。

邁克選擇經營他的商業王國，我則選擇了退休。

當我面對一批又一批的人演講時，他們總是向我尋求建議：「我該怎樣開始？」「有什麼可以推薦的好書嗎？」「該為孩子作些什麼打算？」「成功的祕訣是什麼？」「我怎樣才能賺到百萬美元？」

每次當我聽到這類問題，總會想起以下這則故事：

最富有的企業家

一九二三年，一群最偉大的領導人和最富有的企業家在芝加哥厄其霍特海灘酒店舉行會議。他們當中有美國最大的獨立鋼鐵公司老闆查爾斯・施瓦布；世界最大的公用事業公司主席塞繆爾・英薩爾；最大的煤氣公司領導人霍華德・霍普森；國際火柴公司總裁埃娃・克魯格，國際火柴公司當時是世界上最大的公司之一；國際清算銀行總裁利昂・佛雷澤；紐約證交所主席理查德・惠特尼；兩位最大的股票投機商阿瑟・科頓和傑斯・利佛莫爾；美國第二十九任總統哈定的內閣成員阿爾伯特・富爾。二十五年後，這群巨頭當中的九人是這樣去世的：施瓦布人生的最後五年靠借貸維生，最後身無分文地死去；英薩爾破產，死於異鄉；克魯格和科頓身故時破產；霍普森瘋了；惠特尼和富爾出獄；佛雷澤和利佛莫爾自殺了。

我懷疑是否有人說得清楚這些人究竟發生了什麼事。看看時間，一九二三年，正是一九二九年市場大崩潰和大蕭條的前夕，我猜想這場大蕭條嚴重衝擊了這些人和他們的生活。重點是：今日，我們身處的時代比起那些人的年代變動更為快速劇烈，未來幾年會有更多的興衰起落，就像那些人曾經面對過的。我擔心的是有太多人仍然太關注金錢，反而忽略了他們最大的財富——教育。如果人們願意保持靈活彈性，敞開心胸並不斷學習，那麼無論外界如何變動，他們都能日益富有。如果認為錢能解決一切問題，恐怕日子就會不太好過。智慧才能解決問題並創造財富，不是憑財務智能賺來的錢很快就會消失。

大多數人沒有意識到，重點不在於你賺了多少錢，而在於你留住了多少錢。我們都聽過這樣的故事，一個窮人中了樂透彩，一下子成了暴發戶，但不久之後又變窮了。他們雖然贏得上百萬美元，但很快又回到了原點。或者也聽過職業運動員的故事，他們在二十四歲時日進斗金，但十年後卻露宿橋下。

我記得一位年輕籃球運動員的故事，一年前他還擁有上百萬美元，但現在，年僅二十九歲，他宣稱他的朋友、律師、會計師拿走了他的錢，他只能在洗車廠做著最低薪資的工作。因為他拒絕在擦車時摘下冠軍戒指，所以被洗車廠解僱了。他的事件上了全國新聞，他也對於這次解僱提出申訴，聲稱生活艱困以及遭到歧視。他宣稱那枚戒指是他僅存所有，如果被拿下來，他會崩潰。

我知道有許多人一夜致富，儘管我很高興看到人們越來越富裕，我仍想提醒一句：從長遠來看，重要的不是你賺了多少錢，而是要看你能留住多少錢，以及能傳承幾個世代。

＊　＊　＊

所以當人們問我「該從哪裡開始」或「告訴我怎樣才能快速致富」時，他們通常對我的回答極度失望。我只是對他們說富爸爸在我小時候曾對我說過的話：「如果你想致富，就需要學習財務知識。」

我和富爸爸在一起的日子裡，這個想法始終在我的腦海裡縈繞。可以這樣說，我那受過高等教育的爸爸著重在讀書的重要性，而富爸爸則強調必須掌握財務知識。

如果你想建造一棟帝國大廈，第一件事就是挖個深坑，灌入深厚的地基。如果你只是想在郊區蓋間房子，你只需灌十五公分厚的水泥板就夠了。大多數人努力致富時，總是試圖在十五公分厚的水泥板上建造帝國大廈。

我們的學校體系建立於農業時代，因此其理念仍停留在無需地基的房子，泥土地面依舊盛行。孩子們從學校畢業時，幾乎沒有任何財務基礎知識。直到某天，他們在郊區，無法入眠，身陷債務泥沼，他們做著美國夢，認定解決財務問題的方法就是迅速致富。

於是建造摩天大樓的工程開始了。雖然進行得很快，可是卻沒有蓋成帝國大廈，反而成了一座郊區斜塔。於是無眠之夜再度來襲！

至於邁克和我在成年以後，我們所做的選擇都能實現，因為我們小時候已經打下了堅實的財務知識基礎。

會計可能是世界上最令人困惑也最乏味的學科，但如果你想長期富有，它又可能是最重要的科目。對富爸爸來說，問題在於怎樣才能把這門乏味而艱澀的學科教給孩子呢？他的答案是：簡化它，首先可以用圖來教。

富爸爸為邁克和我打下了牢固的財務知識基礎。由於當時我們只是孩子，富爸爸創造了一種簡單的方法來教我們。有好幾年，他只是畫圖和用一些單詞。邁克和我弄懂了那些簡單的圖和術語，以及用它們詮釋錢的運行規則。接下來幾年，富爸爸開始加入數字。今天，邁克已經掌握了更為複雜難懂的會計分析，因為要經營他的王國，他必須掌握這些方法。我不這麼複雜是因為我的「王國」小一些，但我們卻源於同一個簡單的基礎。在下面幾頁，我會列出一些同樣簡單的圖，就像邁克的爸爸當初為我們發明的那些圖一樣。這些圖雖然簡單，卻幫助兩個孩子在牢固深厚的基礎上建立起巨大財富。

首先，你必須明白資產和負債的區別，並且購買資產。

如果你想致富，你只需要知道這一點。這就是第一號規則，也是僅有的一條規則。這聽起來似乎太簡單了，但人們大多不知道這條規則有多麼深奧，大多數人就是因為不清楚資產與負債之間的區別，才在財務問題裡苦苦掙扎。

「富人購得資產，而窮人和中產階級購得債務，但他們卻以為那些就是資產。」當富爸爸對邁克和我解釋這些概念時，我們以為那是玩笑話。當時，我們兩個不到十三歲的孩子正等著聽到致富的祕訣，卻得到這樣的回答。這答案簡單到我們得停下來思考良久。

「資產是什麼？」邁克問。

「現在別管它，」富爸爸說：「先吸收這觀念就好。如果你能理解這簡單道理，你們的人生將會有所計畫，在財務上也能從容以對。正是由於簡單，這個觀念才會常常被人們忽略。」

「你的意思是我們只需明白什麼是資產，然後購得資產，就能致富，是嗎？」我問。

富爸爸點點頭說：「就這麼簡單。」

「如果這麼簡單，為什麼不是每個人都發財呢？」我問。

富爸爸笑了，他說：「因為人們實際上並不明白資產和負債的區別。」

我記得我當時問了：「大人怎麼會搞錯？如果這個道理很簡單，而且很重要，為什麼不是所有人都想弄明白呢？」

於是富爸爸花了幾分鐘向我們解釋什麼是資產和負債。

成年後，我發覺向其他成年人解釋這些觀念很困難。這個概念之簡單使得他們忽略了，因為他們所受的教育不同。他們受教於其他受過高等教育的專家，譬如銀行家、會計師、地產商、財務規劃師等等。難處就在於，很難要求這些成年人放棄已有的觀念，變得像孩子一樣簡單。高學識的成年人往往覺得研究這麼一個簡單的概念太沒面子了。

富爸爸相信「KISS」原則，即「傻瓜財務原則」（Keep It Simple, Stupid），或者「越簡單越好」。所以，他把這觀念解釋得簡單明瞭，這為我們打下堅固的財務基礎。那麼到底是什麼原因造成觀念混淆呢？為什麼如此簡單的道理卻把人搞得七葷八素？為什麼有人會買一些其實是負債的資產呢？答案就在於基礎教育。

我們通常都非常重視「識讀」這個詞彙，而非「財務識讀」。但何為資產、何為負債並不是用文字去定義的。實際上，如果真的想被搞得頭昏腦脹，就儘管去查查字典中關於「資產」和「負債」的解釋吧。那上面的定義對一個受過訓練的會計師來說是很清楚的，對於普通人而言可能毫無意義。但成年人卻往往太過於自負，不肯承認看不懂其中的含義。

富爸爸對我們這兩個年幼的孩子說：「定義資產的不是文字，而是數字。如果你讀不懂數字，就分辨不出何為資產。」

「在會計上，」他接著說：「重點不在於數字，而是數字到底告訴你什麼訊息。就像文字一樣，文字不是重點，重點是文字要傳達的故事。」

「如果你想富有，你必須讀懂並理解數字。」這句話我從富爸爸那裡聽到一千次了，同樣頻繁出現的還有「富人購得資產，而窮人和中產階級則買到負債」。

下頁的圖是區分資產和負債的方法。大多數會計師和財務專業人員不會同意這種定義，但是這些簡單的圖卻是幫助兩個小孩建立堅實經濟基礎的開端。

上方的的圖是「收入表」，常被稱為損益表。它常用來衡量收入和支出，以及錢進錢出。下方的圖則是「資產負債表」（Balance Sheet），它是用來比較資產與負債。許多初學財經的人都弄不清損益表和資產負債表之間的關聯，但瞭解兩者之間的關聯至關重要。

所以正如我前面說過的，富爸爸只是告訴我們這兩個孩子：「資產就是能把錢放進你口袋裡的東西。」好極了！簡單又實用。

資產的現金流

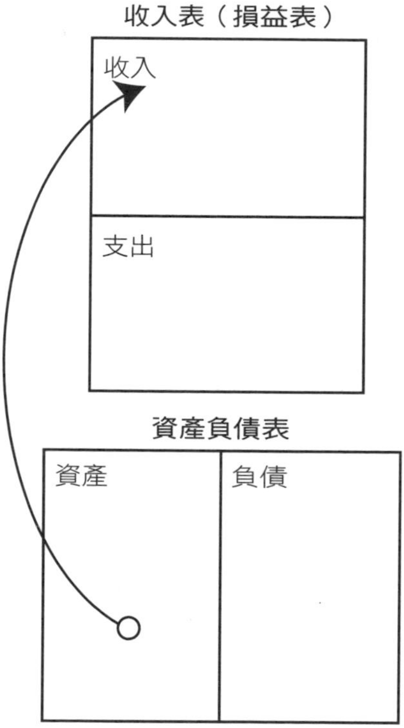

既然我們已經用圖說明了資產和負債，接下來的文字定義可能會較容易理解：

資產是，能把錢放進你口袋裡的東西。

負債是，把錢從你口袋裡取走的東西。

這就是你所要知道的全部了。如果你想變富有，只需在一生中不斷地買入資產就行了；如果你想變窮或成為中產階級，那就不斷地買入負債吧。正因為不知道資產與負債兩者間的區別，人們常常把負債當作資產買進，導致了世界上絕大部分人要在財務問題中掙扎。

看不懂文字和數字都是財務困境的根源。如果人們陷入財務困難，那就是他有東西沒搞懂，可能是文字或數字。富人之所以有錢，是因為比起那些在財務問題中掙扎的人，他們在其他不同領域更有學識。所以如果你想致富並保住你的財富，財務識讀是十分重要的，包括對文字和數字的理解。

圖中的箭頭方向表明了現金的流動或稱「現金流」。數字本身意義不大，正如文字脫離語境單獨存在也不具太大意義一樣，重要的是傳達的故事。在財務報告中，讀數字就是要找出故事情節，亦即現金流向的故事。百分之八十的家庭中，他們的財務故事述說的是一幅努力工作以求出人頭地的景象，但這些努力卻付諸流水，因為他們終其一生都在購買負債而非資產。

負債的現金流

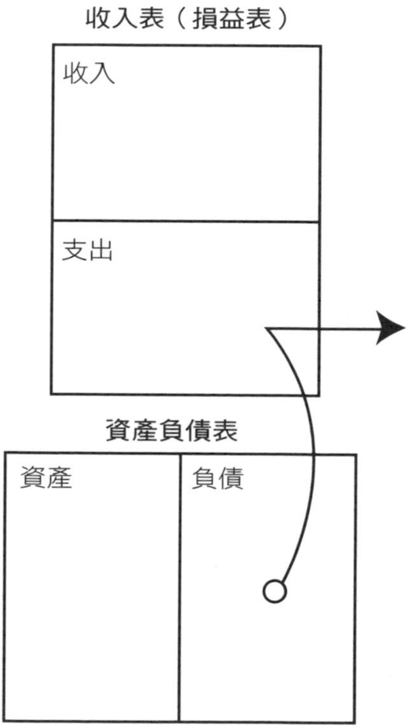

這是窮人的現金流向圖：

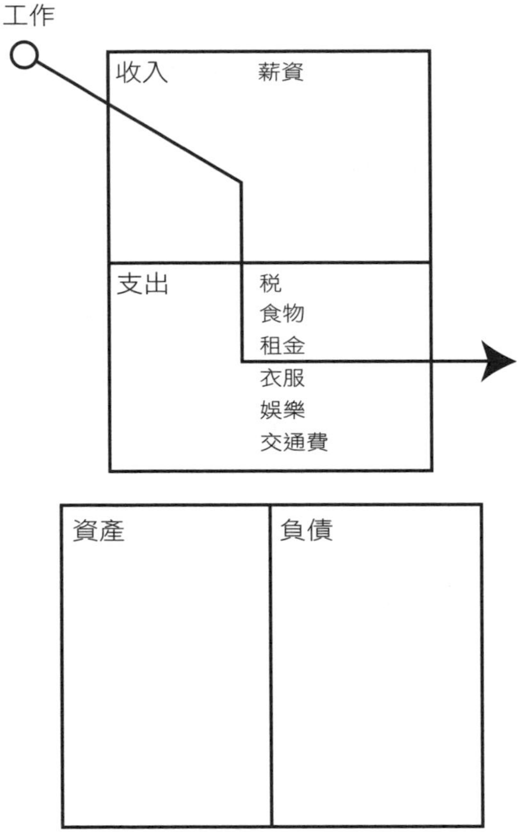
工作
收入
薪資
支出
稅
食物
租金
衣服
娛樂
交通費
資產
負債

這是中產階級的現金流向圖：

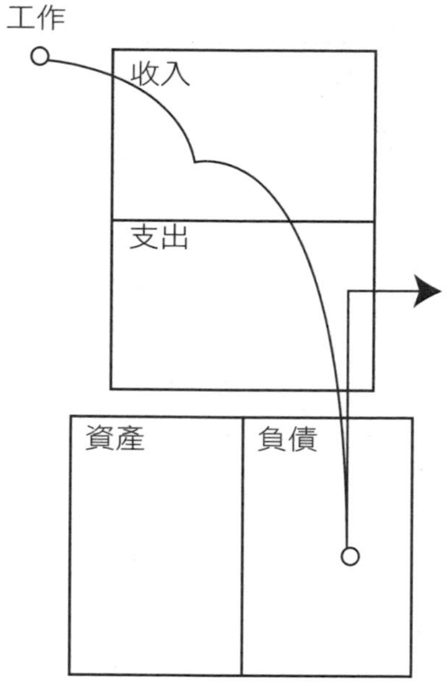

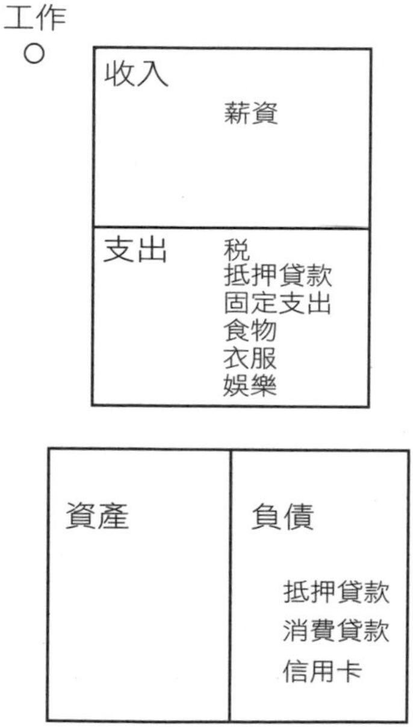

這是富人的現金流向圖：

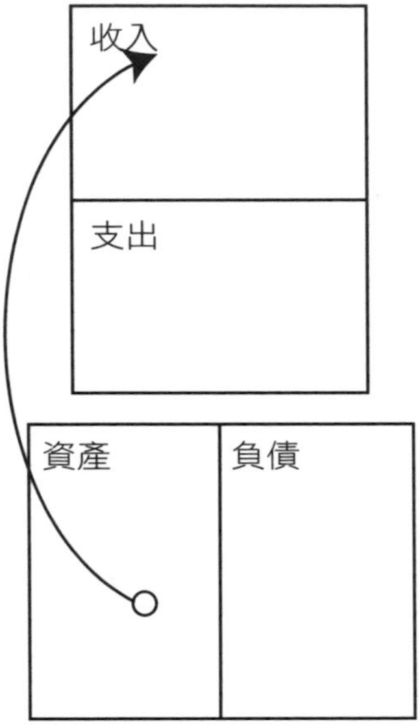

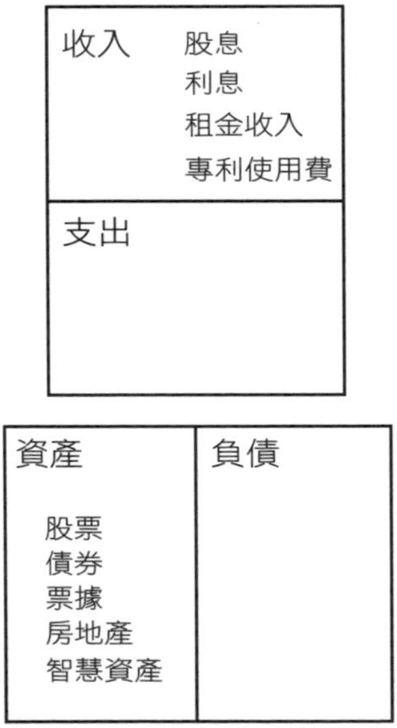

這些圖表明顯地都簡化過了。每個人都有生活支出，食、衣、住的需求。這些圖表顯示了窮人、中產階級、富人一生的現金流。這些現金流訴說了人們怎麼處理金錢的故事。

我之所以用美國富豪的故事作為開場白，就是想要說明一味相信錢能解決一切問題的缺點。這也是為什麼每次我聽到人們問我「怎樣才能快速致富，或者他們該從哪裡開始」，我常會感到畏懼。我也常聽人說：「我欠了債，所以我得賺更多錢。」

但更多的錢往往不能解決問題，實際上反而可能使問題變得更加嚴重。錢常常暴露出我們的人性缺點，凸顯我們的無知。這就是為什麼經常有些人在忽然得到一大筆意外之財，譬如遺產、加薪或中獎之後，卻又很快失去的原因——甚至有些人會比他得到那些錢之前的財務狀況更糟。錢只是強化了你頭腦中的現金流向圖，如果你習慣把收入都花掉，那麼最可能的結果是增加收入的同時，支出也跟著增加。正所謂「傻瓜留不住錢」。

我已說過多次，我們上學是為了習得學術和專業技能，這是十分重要的，我們需要學會用專業技能謀生。六〇年代，當我還在念高中時，如果有人在學校裡的成績好，大家就會認為這個聰明的學生將來會成為醫生，因為這個職業是高收入的最佳保證。

今天，醫生們面臨的財務挑戰之嚴峻，即便是我的死對頭，我都不希望他們面對這些：保險公司掌控了醫療產業、管理式醫療、政府干預，以及醫糾訴訟等等。所以現在的孩子們想成為運動明星、或是電影明星、搖滾巨星、選美皇后或公司執行長，因為這些職業是名氣、金錢、威望匯聚之處。這也是為什麼很難鼓勵今天的孩子們去學校，他們知道職業上的成功不再像以前一樣，只和學習成績相關了。

同時，由於學生們沒有獲得財務技能就離開了學校，上百萬受過教育的人追求到了職業上的成功，之後卻發現他們仍在財務問題中掙扎。他們努力工作，卻沒有大展鴻圖，他們所受的教育缺乏的不是如何賺錢，而是如何理財，這稱為財務能力——亦即你賺到錢後如何處理，怎樣防止別人從你手中拿走錢，如何把錢留得更久，以及如何讓錢努力地為你工作。大多數人不明白自己為何身處財務困境，因為他們不明白現金流。一個人可能受過高等教育而且事業成功，但卻看不懂財務。

這種人往往非常努力工作，因為他們學到的是如何努力工作，而不是如何讓錢努力為他們工作。

發財夢變成惡夢的故事

辛勤工作者的典型故事都有一套固定模式。一對受過高等教育的新婚夫婦搬進租來的擁擠公寓裡，他們馬上意識到他們省了錢，因為兩個人的開銷和一個人的差不多。

問題是，公寓太擠了，於是他們決定存錢買一棟自己夢想中的房子，這樣他們就能有孩子了。現在，他們有兩份收入，並開始專心於事業，他們的收入開始增加。

隨著收入的增加，支出也增加了。

對大多數人而言，頭號支出是稅金。許多人以為是所得稅，但對大多數美國人而言，最高的稅是社會福利。作為一名雇員，表面上社會福利稅和醫療稅共約百分之七點五，實際上卻是百分之十五，另外百分之七點五原本應該是雇主必須為你支付的。關鍵是，雇主並不會拿自己的錢去為你支付，實際上他所支付的，都是你所應得到的。此外，你還得為薪資中已扣除的社會福利稅再繳所得稅，這筆錢是你從沒到手過的所得，因為早已透過「預扣」，直接進入社會福利體系。

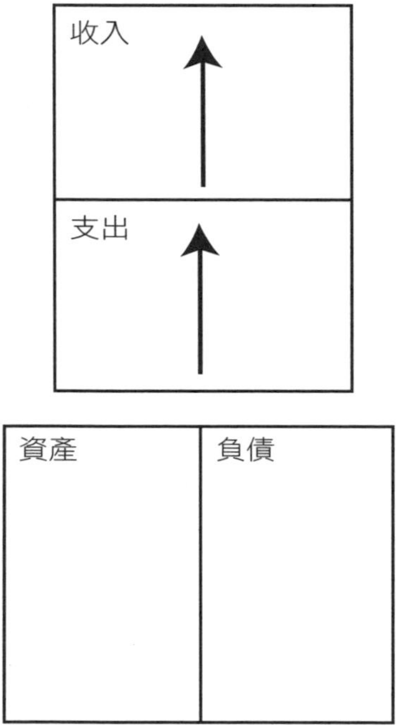

再回到那對年輕夫婦的故事。由於收入增加，他們決定去買一棟夢想中的房子。一旦有了房子，他們就有了新的稅賦——房屋稅。然後他們買了新車、新家具、新家電等，去搭配他們的新房子。突然之間，他們一覺醒來發現債務欄填滿了貸款和卡債，他們的債務暴增。

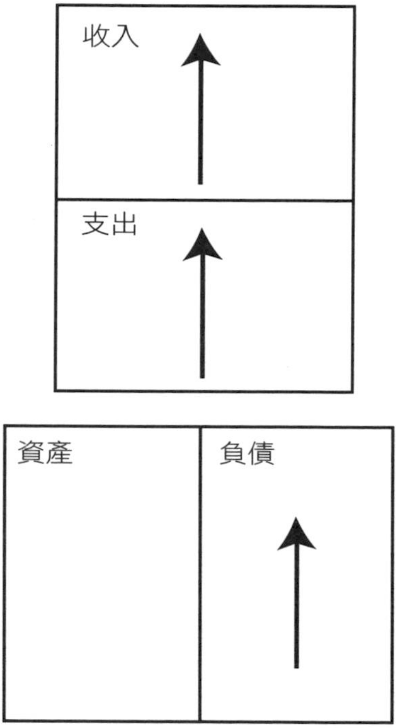

他們落入了「老鼠賽跑」的陷阱。不久孩子出生了，他們必須更加努力地工作。這個過程一再重複：錢賺得越多，稅繳得也越多，這稱為「稅級攀升」。這時郵箱裡寄來一張信用卡，他們用了，也刷爆了。一家貸款公司打電話來，說他們最大的「資產」（也就是他們的房子）升值了。因為他們的信用紀錄非常良好，所以公司可提供「帳單合併」貸款，即用房屋做抵押而獲得的長期貸款。並且告訴他們，明智的作法就是先清償掉高利息的消費貸款，也就是先償還卡債。除此之外，這種房屋抵押貸款的利息可以減免稅賦。他們照做了，付清了高息的卡債。他們感覺鬆了一口氣，因為卡債償清了，但實際上不過是把消費貸款轉到了房屋抵押貸款上。現在他們要支付的款項減少了，因為他們把債務延長為三十年期。這麼做真聰明。

這時鄰居打電話來約他們去購物，說陣亡將士紀念日很多商店正在打折，他們對自己說：「我們什麼也不買，只是去看看。」不過還是帶上信用卡，以防萬一。我老是遇上這樣的年輕夫婦，他們名字不同，但財務窘境卻是如此的相同。他們來問我：「你能告訴我們要怎樣才能賺更多的錢呢？」

他們甚至不知道他們真正的問題在於他們選擇的支出方式，這是源自於沒有財務知識以及不理解資產和負債間的區別。

金錢的問題鮮少是透過得到更多錢而解決的，智慧才能解決問題。我的一個朋友一再告訴那些負債的人：「如果你發現自己已陷在洞裡，那就別再挖了。」

當我還是孩子時，爸爸告訴我們日本人關注三種力量：劍、寶石和鏡子。劍象徵著武器的力量。美國人在武器上已經花了上千億美元，因此是世界上的超級軍事大國。

寶石象徵著金錢的力量。有句老話多少反映出真實：「記住這個鐵律：有錢就是老大、規則是有錢人訂的。」

鏡子象徵著自知的力量。而在日本人看來，自知是三種力量中最寶貴的。

窮人和中產階級大多讓金錢的力量控制他們，因為他們只是起床更努力工作，卻不問自己這樣做的意義，因此他們每天出門工作，其實就形同搬石頭砸自己的腳。他們並不真正瞭解金錢，因此大多數人就讓錢的強大力量給控制了。

如果他們用了鏡子的力量，他們就會自問：「這樣做有意義嗎？」但人們通常不相信自己內在的智慧、內在的天份，只是隨波逐流，人云亦云。他們總是服從而非質疑，只是盲目地重複別人告訴他們的話：例如「分散投資」、「你的房屋就是你的資產」、「你的房屋是你最大的投資」、「欠債可以抵稅」、「找一個穩定的職業」、「別犯錯誤」、「別冒險」等。

很多人認為在公眾面前說話比死還可怕。按照精神科醫師的說法，害怕在公眾面前說話是因為害怕被排擠、害怕出頭、害怕被批評、害怕被嘲弄、害怕被視為異類。簡言之，因為害怕與眾不同，讓多數人不敢尋求新辦法來解決問題。

這也就是我那受過高等教育的爸爸所說的「日本人最重視鏡子的力量」的原因，因為只有當我們內省自己，才能發現真相。恐懼是造成多數人「打安全牌」的原因。你在任何其他領域都可以看到，例如：運動、人際關係、事業和金錢等。

就是因為害怕被排擠的恐懼心理，使人們服從而不去質疑那些被廣泛接受的觀點或流行的趨勢：「你的房子是資產」、「用一個貸款來結束其他負債」、「努力工作」、「這是升遷」、「有一天我會成為副總統」、「存錢」、「加薪後，我要買更大的房子」、「共同基金很安全」等。

大多數人的財務困境是隨波逐流、盲目地追隨其他人所造成的，因此我們必須時不時地照照鏡子，忠於我們內在的智慧，而非恐懼。

邁克和我十六歲時，我們在學校有了麻煩。我們不是壞孩子，只是開始遠離人群。我們在週末及平時放學後為邁克的爸爸做事。下班後，我們會花幾個小時坐在一邊聽他的爸爸和銀行經理、律師、會計師、股票經紀人、投資人、經理和員工開會。邁克的爸爸十三歲就離開了學校，現在卻指揮、引導、提問、命令著一群受過良好教育的人。他們對他唯命是從，當他表示不贊同時，他們甚至感到畏懼。

富爸爸不是隨波逐流的人，他是善於獨立思考的人。他憎惡「我們必須這麼做，因為其他人都這麼做」這類的話，他也憎惡「做不到」這個字眼。所以如果你想讓他做些什麼，最好的方法就是跟他說：「我覺得你應該做不到。」

邁克和我在富爸爸的會議裡旁聽所學到的，比在學校裡，包括在大學學到的都要多。邁克的爸爸雖然書讀得不高，但他有很多的財務知識並且最終獲得了成功。他曾一遍又一遍地對我們說：「聰明的人總是雇用比他更聰明的人。」所以，我和邁克花數小時聽那些聰明人說話、向他們學習，獲益良多。

但也因為如此，邁克和我很難遵循學校老師所教的那些傳統教條，問題就跟著來了。當老師說「你的成績不好，很難在社會上成大事」時，我和邁克就皺起了眉頭。當我們被告知要照著既定的模式、不要偏離常規時，我們看到學校是如何扼殺創造力。我們開始明白，為什麼富爸爸說學校能創造好雇員，而不是好雇主。

邁克和我有時候會問學校老師，我們所學的東西該怎麼運用在真實生活，或是問為什麼不學習有關錢的知識及金錢的法則。關於第二個問題，我們得到的回答常常是錢並不重要，如果我們成績卓越，錢自然會來的。我們越瞭解錢的力量，就距離學校的老師和同學越遠。

我那受過高等教育的爸爸從不對我的成績施加壓力，但我們開始為錢的事爭論。我想在十六歲時，我可能已經有了比爸媽更多的財務基礎知識。我會記帳，也常常聽會計師、律師、銀行家、房地產經紀人、投資人的談話。而爸爸每天只跟老師們談話。

某天，當爸爸告訴我，我們的房子是他最大的投資時，爆發了一場不太愉快的爭論，因為我對他說，我認為一棟房子並非是一個好的投資。

右圖說明了我的富爸爸和窮爸爸在房子問題上的不同觀念，一個認為他的房子是資產，另一個則認為是負債。

我還記得我畫了下頁這張圖向爸爸說明他的現金流向，我也向他指出了擁有房子後的連帶支出。房子越大，支出就越多，現金會不斷地流向支出欄。

負債

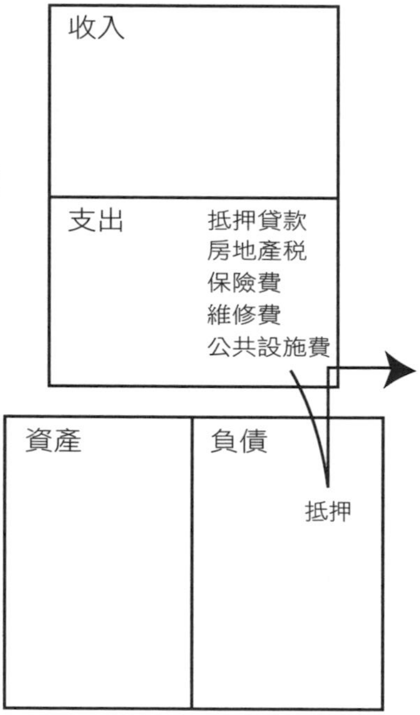

今天，對於「房子並非資產」這個觀念，許多人仍向我提出質疑。我知道對許多人來說，房子是他們的夢想和最大投資，而且有自己的房子總比什麼都沒有強。我只是提供了另一種觀點來看待這個廣為眾人接受的信條。如果我和妻子買了更大、更時尚的房子，我們會知道那不是一項資產，而是負債，因為房子讓錢從我們口袋中流出去。

這是我提出的論點。我並不指望所有人都同意我的觀點，因為房子畢竟是人們感情的寄託。而當我們談到錢時，太過感情用事通常會降低財務智商。我的個人經歷告訴我，錢能使決策變得情緒化。

1. 對於房子，我要指出大多數人一生都在為一棟並未真正擁有的房子辛苦工作。換句話說，大多數人每隔幾年就買間新房子，每次都用一份新的三十年期房貸去償還上一筆。

2. 即使人們的貸款利息可以減免稅賦，他們還是要用稅後收入來支付其他所有開支，即便償清貸款後也是如此。

3. 我的岳父母對於房屋稅增加至每月一千美元相當震驚。這是在他們退休之後發生的，增加的稅賦令他們的退休預算吃緊，令他們覺得不得不搬家。

4. 房屋的價值並非年年增值。我有些朋友擁有價值百萬美元的房子，而今天這些房子遠遠低於這個價錢。

5. 最大的損失是機會損失。如果你所有的錢都投注在房子上，你就不得不努力工作，因為你的現金正不斷地從支出欄流出，而不是流入資產欄，這是典型的中產階級現金流模式。如果一對年輕夫婦早點將資金投入他們的資產欄，他們的晚年就會過得輕鬆些，因為他們的資產會增值，能夠拿來用於支應支出。通常房子是用來取得房屋淨值貸款的工具，以支付不斷攀升的開銷。

總之，決定擁有很昂貴的房子，而不是及早開始建立投資組合，將對一個人的財務生活產生下列三種衝擊：

1.虛度時光。在這段期間內，其他資產可能增值。

2.損失額外的資本。這些錢本來可以用來投資，而不是用來支付房子的各種高額維修費用。

3.失去受教育的機會。人們經常把他們的房子、儲蓄和退休金計畫列入他們的資產欄。因為他們沒有錢投資，所以也就不去投資，這就使他們無法獲得投資經驗，永遠不會成為投資界認可的「資深投資人」。而最好的投資機會往往都是先給那些「資深投資人」，再由這些人轉手賣給那些謹慎保守的投資人。

我的意思不是別買房子，只是希望你能夠真正瞭解資產與債務之間的區別。

當我想要一間大房子，我會先買能產生現金流的資產，來支付那間房子。

我那受過高等教育的爸爸，他的個人財務報表完全展現出陷入「老鼠賽跑」陷阱會有的人生。他的收支相抵，根本沒有多餘的錢可以投資。結果，他的負債比資產還多。後方的上圖是窮爸爸的損益表。一張圖勝過千言萬語。他的收入和支出剛好打平，但債務比資產還要多。下圖富爸爸的財務報表顯示出一生致力於投資以及降低負債的成果。

窮爸爸的財務狀況

富爸爸的財務狀況

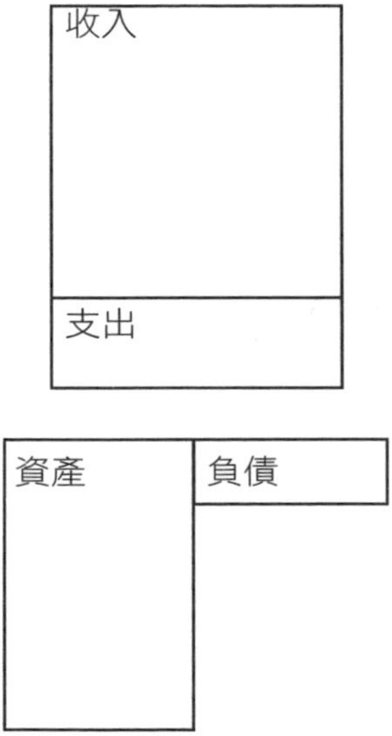

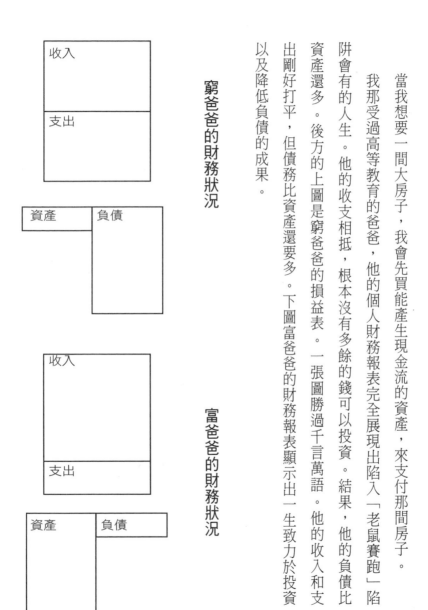

為何富者越富

檢視富爸爸的財務報表，顯示出富者越富的原因。從資產欄產生的收入遠遠足夠支應支出，並且可以用剩餘收入對資產欄進行再投資。資產持續累積，創造的收入也越來越多。結果是：富人越來越富！（參見下圖）

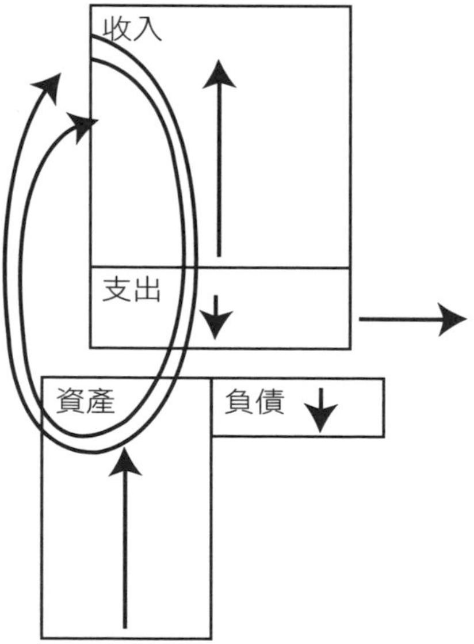

為什麼富人越來越富？

中產階級為何不斷掙扎

中產階級發現自己總是在財務問題上掙扎。中產階級的主要收入是薪資，但當薪資增加時，稅收也就增加了。更重要的是，他們的支出同時也隨著收入而增加。他們把房子作為主要資產，而不是投資在能帶來收入的真正資產上。（參見下圖）

這種把房子當資產的想法，以及認為加薪就能買更大的房子或者消費更多的理財哲學，就是造成今日社會債台高築的原因。增加支出把家庭拖進債務和財務不確定性的漩渦之中，就算是工

為什麼中產階級無法擺脫財務問題？

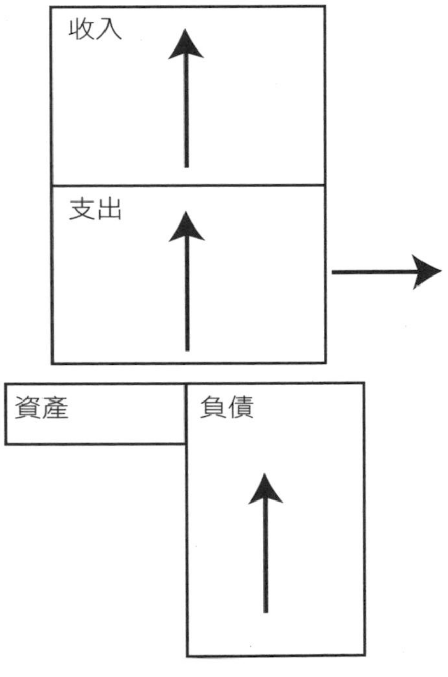

作穩定升遷、薪資固定成長的人也可能無法倖免，而這種高風險的生活就是由於缺乏財務知識教育所造成的。

近來的失業潮證明了中產階級的財務狀況是多麼脆弱。公司養老金計畫突然被「四〇一K計畫」所替代，社會福利制度明顯出問題，不能再仰賴它作為退休後的生活來源，恐慌在中產階級中蔓延。今日，共同基金大受歡迎，因為大家認為共同基金代表安全。一般購買共同基金的投資人因為忙著工作以支付稅款和貸款、儲蓄孩子上大學的費用、償還信用卡費等，根本無暇研究如何投資，所以他們依賴共同基金經理人的專業。而且，因為共同基金包括了各種不同類型的投資，讓他們覺得更安全了，因為共同基金「風險分散、多樣化」。

這些受過教育的中產階級接受了共同基金券商和財務規劃師提出的教條：「穩紮穩打、避開風險」。

真正悲慘的事在於，因為早年缺乏必要的財務知識教育，讓一般中產階級現在必須面臨這些風險。他們必須小心翼翼，因為他們的經濟地位薄弱。他們的資產負債表不平衡，反倒承擔著大量債務，而且沒有能夠產生收入的真實資產。一般而言，他們的收入來源只有薪資，生計完全依賴於雇主。

所以當「攸關一生」的機會來臨時，這些人無法抓住機會，因為他們正忙著工作，負擔著高額的稅和債務。

正如我在本章一開始所言，最重要的規則是弄清資產與負債之間的差別，一旦你明白了其間差異，就集中火力去買能帶來收入的資產，這是你走上致富之路的最好辦法。不斷地這樣做，你的資產就會不斷增加。同時還要注意降低你的負債和支出，這會讓你有更多的錢投入資產欄。很快地你的資產底子夠深，就承擔得起較為投機性的投資：這種投資的報酬率從百分之百到無限大，五千美元的投資很快就能上翻到一百萬或更多。中產階級會說這種投資「太冒險」，在具備財務知識的人眼裡，這些投資並沒有風險。如果你和大多數人一樣，狀況就會如下頁的圖。

作為一個擁有自己房子的雇員，你努力工作的結果如下：

1. 你為公司工作。員工讓企業主或股東致富，你的努力和成功將為雇主的成功和退休做好準備。

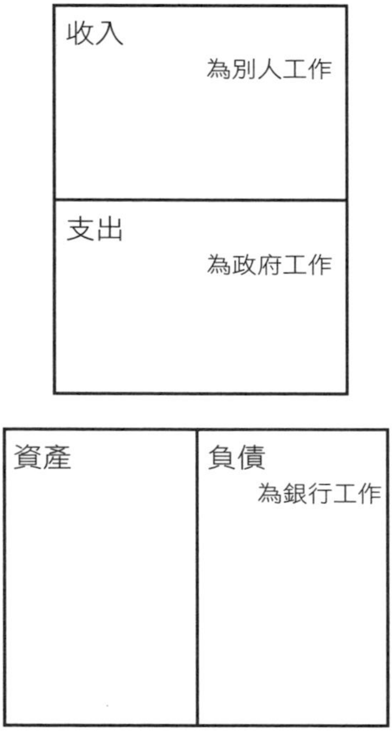

2. 你為政府工作。政府在你還未看見薪資時就已拿走了一部分，更努力工作只是讓政府從你這邊抽走更多的稅。你的收入泰半都交給了政府。
3. 你為銀行工作。繳稅後，你的下一筆最大支出通常是償還貸款和信用卡費。

然而更賣力工作的問題在於，上面三方從你那裡拿走的勞動成果也越多。你需要學會如何讓你加倍努力的成果，直接嘉惠你自己和家人。

一旦你決定把精力集中於打理自己的事業——亦即專注在收購資產，而不是更高的薪水——你該怎樣設定目標呢？多數人必須保留工作，並依賴薪資作為收購資產的資金。

隨著資產的增加，他們應怎樣衡量成功的程度呢？何時他們才會知道他們是富人、他們擁有財富？

如同我有自己的資產和負債定義一樣，我也有對於財富的定義。實際上這是我從一個名叫巴克敏斯特．富勒的人那裡借用的。有人當他是騙子，也有人稱他為天才。多年前他讓建築業議論紛紛，因為他申請了一種圓頂結構專利。但在申請中，富勒也提到一些關於「財富」的話。起初這個定義的確令人迷惑，但是讀過後，你開始能理解其含意：

財富就是能支持一個人生存多長時間的能力，或者說，如果我今天停止工作，我還能活多久？

不同於淨資產（亦即資產和負債間的差額），淨資產中常常充斥著人們昂貴的垃圾，以及關於某項物品值多少錢的看法。富勒的定義為發展出一種真實準確的衡量方法注入了可能性，現在我能衡量並明確知道自己經濟獨立的目標已實現到哪一步了。

淨資產通常包括那些無法創造現金的資產，就像你買回去現在停在車庫裡的那個東西。財富則衡量你的錢正在賺多少錢，以及你的財務生存能力。

財富是將資產欄所產生的現金流，與支出欄所流出的現金流進行比較而定的。

讓我們來看個例子，我的資產每個月可以產生一千美元，可是我每月卻要支出兩千美元，那我還有什麼財富可言呢？

讓我們回到富勒的定義，如果用他的定義，我還能活幾天呢？假定一個月三十天，我的現金流只夠半個月。

當我每月從資產方得到兩千美元時，那我就有財富了。

因此，儘管我尚未致富，但我有財富了。現在每個月我的資產產生出來的現金流完全能支應我的支出。如果我想增加支出，首先必須增加現金流來維持我的財富水準。注意，這時我不再依賴薪資，我已經成功地專注在建立一個能讓我財務獨立的「資產欄」。就算我辭了工作，從資產產生的現金流也足以支付我的每月支出。我的下個目標是從資產中得到額外的現金，進行再投資。流入資產欄的錢越多，資產就增加得越快；資產增加得越快，現金流入也就越多。只要我保持支出少於資產產生的現金流，我就會越來越有錢，會有越來越多勞動力收入之外的其他收入來源。

隨著不斷再投資，我最終走上了致富之路。

請記住下面這些話：

富人買入資產；

窮人只有支出；

中產階級買他們以為是資產的負債。

那麼我該怎麼開始我的事業呢？答案是什麼呢？請看下一章，聽聽麥當勞的創辦人是怎麼說的。

第三課

關注自己的事業

有錢人專注在他們的資產欄，而其他人只關心他們的損益表。

一九七四年，麥當勞的創始人雷．克羅克，受邀到奧斯汀為德州州立大學的工商管理碩士班演講，我的一個好朋友正是這個班上的一名學生。在一場激勵人心的演說之後，學生們問雷是否願意去他們常去的地方喝杯啤酒？雷高興地接受了邀請。

當這群人人手一杯啤酒之後，雷問：「誰能告訴我，我是做哪行的？」「當時每個人都笑了，」我的朋友說：「絕大多數的企管碩班生都認為雷是在開玩笑。」

眼看沒人回答他的問題，於是雷又問一次：「你們認為我從事哪行的呢？」學生們又一次笑了，最後有一個大膽的學生叫道：「雷，世界上有誰不知道你是做漢堡的。」

雷輕聲笑道：「我早料到你們會這麼說。」他停頓了一下，接著很快繼續說道：「女士先生們，我並不是在漢堡業，而是房地產業。」

朋友告訴我，雷花了很長時間來解釋他的觀點。在他的商業計畫中，雷知道主要的業務焦點是出售麥當勞的加盟權，但他一向很重視每家分店的地理位置，因為他知道土地和位置將是每家分店獲得成功的最重要因素。基本上，那些買下分店的人也要為麥當勞集團買下分店的地。

麥當勞今天已是世界上最大的房地產商了，它擁有的房地產甚至超過了天主教會。今天，麥當勞已經擁有美國以及世界各地一些最值錢的街角和十字路口的黃金地段。

我朋友認為那是他一生中最重要的一課。今天，他擁有數家洗車場，但他的事業是經營洗車場的那些地產。

前一章，我們用圖說明大多數人是為了其他人工作，而不是為自己。首先是為公司老闆工作，其次是透過繳稅為政府工作，最後是為了讓他們貸款的銀行工作。

小時候，我家附近沒有麥當勞。然而，我的富爸爸卻向邁克和我傳授了如同雷·克羅克向德州大學ＭＢＡ學生們所上的課一樣，這就是有錢人的第三號祕訣。這個祕訣是：「打理你自己的事業。」財務問題通常直接導因於人們一輩子都在為別人工作，許多人在他們停止工作時就變得一無所有。

我們當前的教育體系著重在培養年輕人的學術技能，讓他們得到一份好工作。

日後他們的生活將圍繞著薪資打轉，或如前所說的，以收入欄為中心。許多人會進一步深造，成為工程師、科學家、廚師、警官、藝術家、作家等，這些職業技能讓他們得以進入職場「為錢工作」。

但是你的職業和你的事業之間存在著巨大的區別。我經常問一些人：「你的事業是什麼？」他們會說：「喔，我是位銀行家。」接著我問他是否擁有銀行，他們常回答：「沒有，我在那裡工作。」

在這個例子中，他們混淆了自己的職業和事業，他們的職業可以是銀行家，但他們仍然應該擁有自己的事業。學校的問題在於通常你學什麼，就會從事哪一行。如果你學的是烹飪，你就會成為一名廚師；如果你學的是法律，你就會當上律師；如果你學的是自動化機械，你就會當上工程師。從事你所學專業的錯誤在於，因此忘了打理自己的事業。他們耗費一生為他人作嫁，使他人致富。

想得到財務安全，人們需要關注自己的事業。你的事業以你的「資產欄」為中心，而不是你的收入欄。正如以前說過的，第一號規則是要知道資產負債之間的區別，並且去買入資產。富人關心的焦點是他們的資產，而其他人關心的則是他們的收入。

這就是為什麼總是聽人說「我需要加薪」、「我要是能升官該多好」、「我要回學校去再學習，才能得到收入更高的工作」、「我要去加班」、「也許我能做兩份工作」等。

在某些圈子裡，這些想法合情合理。但你仍未關注你自己的事業，這些想法依然是圍繞著收入在打轉；而且只有當你把增加的收入用於購買可產生收入的資產時，才有可能幫助你在財務上更有保障。

大多數的窮人或中產階級財務保守（亦即「我承擔不起這個風險」）的基本原因在於他們沒有財務基礎，必須緊抓著工作，小心謹慎。

當裁員蔚為「流行」時，上百萬勞工會發現，他們的所謂最大資產——房子——正生吞活剝他們！因為他們的「資產」每個月都要花錢。他們的另一項「資產」——汽車——也在吞噬他們的生活。花一千美元買來扔在車庫的高爾夫球桿，現在已不值一千美元了。沒有了職業保障，他們就失去了生活依靠。他們所認為的資產不能幫他們度過財務危機。

我猜想多數人都填過信貸申請表給銀行，以獲得貸款購買房子或汽車。每次看到「淨資產」欄位中，銀行和會計慣例允許人們列為資產的項目，就覺得相當有趣。有一天，我想申請貸款，由於我的財務狀況看似不佳，因此我把新買的高爾夫球桿、藝術收藏品、書籍、電子用品、亞曼尼西裝、手錶、鞋和其他個人用品也填進去，以增加資產欄位的數目。

但我被拒絕了，因為我投資太多房地產。信貸委員會不喜歡我收租賺太多錢，他們只想知道為什麼我沒有一份有薪的正常工作。他們也不去質疑亞曼尼西裝、高爾夫球桿或藝術收藏品。當你不符「一般標準」時，有時候生活會很殘酷。

每次當我聽到有人說他的淨資產是一百萬、十萬美元或其他數額時都有點害怕。淨資產價值不準確的其中一個原因是，一旦你開始出售資產，你就得為此利得繳稅。

所以許多人一旦缺乏收入，就會身陷財務困境。為增加現金，他們便出售資產。但他們個人資產的賣價只是他們在資產負債表上認列數字的一部分；其次如果有收益，他們還要繳稅，政府再次從他們的收益中拿走一部份，因此可用來幫助他們擺脫債務的現金就少了。這就是我為什麼會說某人實際的淨資產其實比他們自己認為的還要少。

開始打理你自己的事業吧！先不要辭職，保留你白天的工作，但開始購入真正的資產，而不是負債，或買一些一旦被你帶回家就沒有了價值的個人用品。一輛新車一開出停車場，你就已損失了百分之二十五的價值。即使你的銀行員讓你把汽車列入資產欄，汽車也不是真正的資產。價值四百美元的全新鈦金屬高爾夫球桿被我拿來揮桿一次之後，就只值一百五十美元了。

減少支出、降低負債、並且用心建立穩固的資產基礎。對還沒有離家的年輕人來說，父母應教他們明白資產和負債之間的區別，讓他們在離家、結婚、買房、生子、身陷危險的財務狀況、依賴工作且信用卡支付所有費用之前，建立起堅實的資產基礎。我見過許多年輕夫婦結婚後的生活模式，令他們在工作年限的大半時間裡，都無法擺脫債務。

對許多父母而言，當最小的孩子離開家後，他們才意識到還沒有為退休做好足夠的準備，因此他們開始著急多存一些錢。接著，他們自己的父母病了，他們發現又有新的責任。

那麼，我會建議你或你的孩子們應該購買什麼樣的資產呢？依我看，真正的資產可以分為下列幾類：

1. 不需我到場就可以運作的公司。我擁有公司，但由別人經營和管理。如果我必須在那裡工作，那它就不是我的事業，而只是我的職業了。
2. 股票。
3. 債券。
4. 產生收入的房地產。
5. 票據（借據）。
6. 智慧財產的版稅，例如：音樂、劇本、專利等。
7. 任何其他有價值、可產生收入，或是可能增值、並且有很好市場流通性的東西。

當我還是孩子的時候，我那受過高等教育的爸爸鼓勵我找份安定的工作，而富爸爸則鼓勵我開始收購我所喜愛的資產，「因為如果你不愛它，就不會關心它。」

我購入房地產是因為我喜歡建築物和土地，我喜歡採購房地產，我可以看一整天，就算出現問題時，也不會糟到使我不再喜愛房地產。但對於那些不喜歡房地產的人來說，就不該去買。

我也喜歡小公司的股票，尤其是新創公司，原因是我是一個企業家而不是一個雇員。早年，我也曾在一些大機構工作，例如：加州的標準石油公司、美國海軍陸戰隊和全錄公司，我在那裡工作愉快，也有美好回憶。但我深知自己不適合當職員，我喜歡創立公司，但不喜歡經營，所以我買的股票通常都是小公司的。有時我甚至自己創辦公司，並帶領公司上市。發行新股可以創造財富，我喜愛這種遊戲。許多人害怕小型公司的股票，認為它們風險大。小公司的風險是大，但是如果喜愛你所投資的對象，瞭解它並懂得遊戲規則，風險就會減少。對於小公司，我的投資策略是：一年內脫手。另一方面我的房地產投資策略則是，從小買賣開始，然後持續提升購買檔次、買進更大的地產，因此得以延遲繳納利得稅，這使得資產價值大幅增加。我通常持有房地產不超過七年。

多年來，即便我還在海軍陸戰隊和全錄公司做事的時候，我就實踐富爸爸建議我做的事。我白天依舊上班，但我也開始打理自己的事業，我資產欄裡的房地產和小型公司股票交易相當熱絡。富爸爸總是強調「財務知識」的重要性，我越瞭解會計和現金管理，就能更精準地分析投資並開始建立自己的公司。

除非有人真的很想自己成立公司，否則我並不鼓勵人們開公司。基於我對經營公司的瞭解，我也不希望每個人都去經營公司。不過，有時當人們無法找到工作時，開公司倒是一個解決的辦法，但成功機會渺茫：十家新公司中有九家會在五年內倒閉，那些在前五年存活下來的公司，之後又會有九成倒閉。所以除非你真的很渴望擁有自己的公司，我才會建議你這麼做。否則，繼續上班，同時打理自己的事業吧。

當我說打理自己的事業時，我的意思是建立自己強大的「資產欄」。只要有一美元流進你的資產，就不要讓它流走。你這樣想吧，這一美元落進了你的資產欄，它就成了你的雇員。關於錢，最美妙的是，它能一天二十四小時不斷地工作，並且為你的子孫服務。保留你日間的工作，當個勤奮努力的員工，但也要持續打造你的資產欄。

當你的現金流增加時，你可以買一點奢侈品，一個重要的區別是富人最後才買奢侈品，而窮人和中產階級則傾向先買奢侈品。窮人和中產階級會先買下諸如大房子、鑽石、皮衣、珠寶、遊艇等奢侈品，因為他們想看起來很富有。

他們看起來的確很富有，但實際上已深陷貸款的陷阱之中。那些繼承遺產、長期富裕的人，都是先建立他們的資產，然後才用資產所產生的收入購買奢侈品；窮人和中產階級則用他們的血汗錢，和原本要留給孩子們的遺產去購買奢侈品。

真正的奢侈品是來自投資和累積真正資產的獎勵。例如，當我和我的妻子金透過買賣房屋獲得了額外收入時，她去買了輛賓士，這不是增加她的工作或冒著風險買下的，因為是我們的房子付了這筆錢。然而，在房地產投資組合成長並開始產生足夠的額外現金流入來購買這輛車之前，她等了四年的時間。這奢侈品的確是個獎勵，因為它證明了她知道如何增加自己的資產，那輛車對她的意義已不僅是一輛車，而是意味著她能用自己的財務知識得到它。

大多數人所做的則是，衝動地負債去買輛新車或其他奢侈品，他們可能膩了，只是想再買新玩意兒。負債去買奢侈品最終會讓人痛恨奢侈品，因為債務終將變成一大負擔。

在你花時間並投資建立自己的事業之後，你就準備好學習富人最大的祕密吧——富人領先群倫的祕密。

第四課

稅收的歷史和公司的力量

我的富爸爸只是聰明地玩遊戲，他的方法是透過公司
——這是富人的最大祕密。

我還記得在學校裡曾聽到的羅賓漢和他的綠林好漢的故事，我的老師認為羅賓漢是一位典型的浪漫英雄，一位劫富濟貧的「大俠」。但我的富爸爸卻認為羅賓漢不是英雄，他稱羅賓漢為竊賊。

羅賓漢已經死了很久了，但他的信徒甚多。我經常會聽到這樣的話：「為什麼不讓富人來承擔？」或：「富人應繳更多的稅讓窮人受益。」

而今，羅賓漢劫富濟貧的想法卻成了窮人和中產階級最大的隱痛。由於羅賓漢的理想，中產階級現在承擔著沉重的稅賦。富人實際上並未被課稅，而是中產階級，尤其是那些受過教育的高收入中產階級在為窮人支付稅金。

要講明這個道理，我們需要回顧一下稅收的歷史。我那受過高等教育的爸爸是教育歷史專家，而富爸爸則使自己成為一名稅收歷史方面的專家。

富爸爸告訴邁克和我，早期的英國和美國是不須納稅的，只有一些為戰爭而臨時徵收的稅，國王和總統稱之為「納捐」。英國在一七九九年到一八一六年間為了與拿破崙作戰而徵稅，美國則在一八六一年到一八六五年間為了南北戰爭而徵稅。

一八七四年，英格蘭開始定期徵收所得稅。一九一三年，美國通過了憲法修正案（第十六條），規定了所得稅定期徵收。美國人曾經反對納稅，過重的茶稅引發了波士頓港的茶黨成立，這個事件更引爆獨立戰爭。英國和美國花了將近五十年來培養國民定期繳納所得稅的意識。

這些稅最初只是針對富人，富爸爸希望邁克和我明白這一點。他解釋納稅的方法是由大眾制定並經多數人同意，它要讓窮人和中產階級看到稅收是為了懲罰有錢人，因此，大眾投了贊同票，並將依法納稅寫入了憲法。雖然初衷是懲罰有錢人，在現實中卻懲罰了對它投贊同票的中產階級和窮人。

「一旦政府嘗到了錢的滋味，它的胃口就變大了。」富爸爸說：「你爸和我在這一點上是對立的。他是政府官員，而我是資本家，我們都得到了報酬，但我們對成功的衡量標準卻相反。他的工作是花錢和雇人，他花的錢越多和雇的人越多，他的機構就會越大。在政府中，誰的機構越大，誰就越受尊敬。而在我的組織中，我雇的人越少，花的錢越少，我就越能受到投資人的尊敬。這就是我為何不喜歡政府官員的原因，他們與大多數生意人的目標不同。隨著政府規模的擴大，就需要徵收更多的稅以維持運作。」

我受過教育的爸爸真誠地相信政府應該幫助人民。他熱愛並且崇拜約翰·甘迺迪，尤其推崇甘迺迪的維和部隊計畫。他是如此推崇這個計畫，以至於他和媽媽都在維和部隊工作，訓練那些去馬來西亞、泰國和菲律賓的志工。他總在尋求撥款和增加預算，以便能雇更多的人為他所在的教育部與和平隊工作。

從我十歲起，我就從富爸爸那裡聽說政府人員是偷懶的竊賊，而窮爸爸卻說富人是貪婪的強盜，富人應該繳更多的稅。我相信雙方都有正確的地方，然而，我為鎮上最大的資本家工作以及生活在傑出政府官員的爸爸家，這兩件事糾結在一起，有時真的不知道該相信哪一位爸爸的話。

然而，當你研究稅收歷史時，一個有趣的現象產生了。如前所述，稅之所以被接受，是因為大眾相信羅賓漢的經濟理論，即劫富濟貧。問題是，政府對錢的胃口越來越大，以至於中產階級也要被徵稅，且從此涓滴不斷。

然而富人卻看到了機會，他們不玩同一套遊戲規則。他們非常瞭解公司，公司在航海時代變得日益普遍。富人創辦了公司來減少每趟航程中其資產所冒的風險，他們把錢投入公司，以資助這段航程。接著公司則雇一批船員把船駛向「新世界」

去尋寶。一旦船沉了，船員會喪生，但富人損失的僅限於他投資在某趟航程的金錢。下圖顯示出公司與個人的損益表和資產負債表無關。

有關企業的法律知識，給予富人超出窮人和中產階級的極大優勢。由於有兩個爸爸在教我，一個是社會主義者，另一個是資本家，我很快便認識到資本家的哲學對我累積財富更有助益。在我看來，社會主義者最終

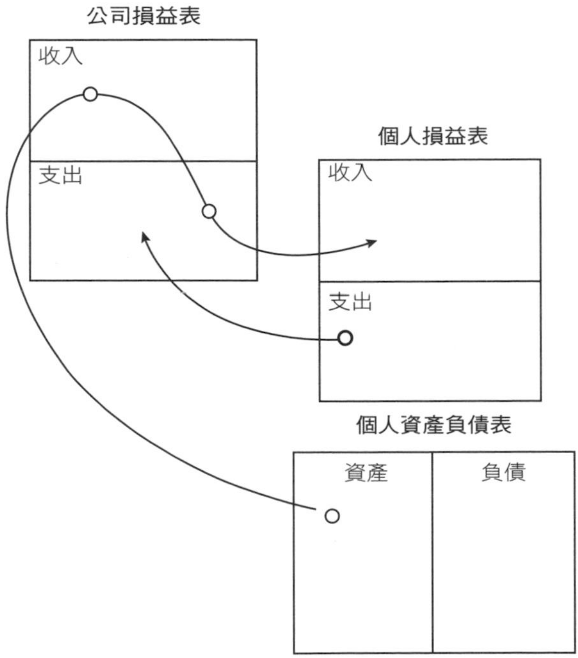

是因為缺少財務知識而在懲罰自己。無論「劫富」這群人想出什麼辦法，富人總有辦法技高一籌，這就是為何稅最後還是落到了中產階級頭上的原因。富人勝過那些知識份子，只因為他們明白錢的力量，這是學校不曾教過的科目。

有錢人是怎樣勝過某些有專業知識的人的呢？一旦「劫富」的稅法通過，錢便開始流入國庫。起初人們很高興，可是錢卻被政府分配給了雇員和富人。稅金透過工作和退休金的形式發放給了政府雇員，透過政府採購的形式付給了富人。政府成了一個巨大的錢庫，但問題在於財政管理方式。換句話說，政府的理想是避免擁有結餘；如果你沒有用完預算資金，在下次預算中你就有被削減掉這些錢的風險，你不會因為有結餘而被認為有效率並得到獎勵；但另一方面，商人則因為有結餘而得到獎勵，因為效率得到認可。

隨著政府支出的不斷擴大，對錢的需求也越來越大，於是「劫富」的想法開始調整，將收入較低的階層也包納進來，稅賦也落到了當初支持收稅的中產階級和窮人頭上。

真正的資本家則利用他們的財務知識逃脫，他們借助於公司的保護逃避稅收。

公司的確保護富人，但是許多從未建立過公司的人卻不明白這個道理，因為公司不一定是一個真正的實體，公司可以只是一些符合法律要求的文件，在政府註冊後就被放在了律師的辦公室裡。公司並不意味著要有刻著公司名稱的大樓、廠房和雇員，它可以只是一個沒有靈魂的法律實體，但富人的財富在這裡得到保護。一旦所得稅法被通過，成立公司就會流行起來了，因為企業所得稅率低於個人收入所得稅率。此外，公司的某些支出可以在稅前獲得抵減。（參見第一四五頁的圖）

富人和窮人之間的戰爭已經進行了幾百年了。任何時候、任何地方只要制定法律，就會發生這種鬥爭。鬥爭還會持續下去。問題是輸家一定是無知者，即那些每天起來勤奮工作以及繳交稅款的人。但是如果他們明白了富人玩的遊戲，也會跟著來玩，這樣他們就可以通往財務獨立之道。這也是為什麼每次當我聽到父母勸說孩子去學校以便找個安定的工作時，我就會感到憂慮，因為一個有著穩定工作卻沒有財務頭腦的雇員，是沒有辦法脫身的。

今天的美國人每年要為政府工作五到六個月，才能賺到足夠的稅款給政府。在我看來，這時間真是太長了。他們越努力工作，付給政府的就越多，這也使我更加確信「劫富」想法的人到頭來是對付了他們自己。

每當人們想懲罰富人時，他們不僅不會接受，反而要進行反擊。他們有錢、有能力、有意圖去改變處境。他們絕不會坐視不管，付出高額稅款，他們會想辦法把稅賦降至最低。他們聘請聰明的律師和會計師，說服政客們修改法律或是鑽法律漏洞，有能力扭轉乾坤。美國的稅法允許人們採用合理的方法避稅，任何人均可運用這些方法，但只有有錢人發現，因為他們關心自己的事業。例如，《國內收入法》第一〇一三款，就允許賣家對「為購買更貴的房地產而賣出現有房地產時」所獲得的資本利得可以延遲納稅。按照該規定，房地產成了具有稅收優惠的投資工具，只要你不斷賣掉較低價地產，買進更高價地產，你就無須繳納利得稅，直到你將房地產出清變現為止。不利用這些合法避稅手段的人，會失去打造資產欄的大好機會。

窮人和中產階級沒有同樣的資源，他們就坐在那裡，讓政府的針頭扎進他們的手臂裡，開始捐血。現實情況令我深深震驚：竟有如此多的人支付更高的稅，或很少採取避稅手段，只因為他們畏懼政府。我有些開公司的朋友，他們的事業倒閉或被摧毀，到頭來卻發現是政府方面的錯誤。這些我都明白，然而一月到五月中都在為政府工作，這個代價實在太高了，窮爸爸對此從不反抗，富爸爸也是——但他做得更聰明，他透過「公司」——這是富人的最大祕密。

你可能還記得我從富爸爸那裡學到的第一課，那時我只是一個九歲的孩子，必須乖乖地坐著等他決定什麼時候與我談話。我坐在他的辦公室裡等他叫我，可他卻故意忽視我。他想讓我感受他的權力，並希望有一天我自己也能具有這種份量。跟他學習的這麼多年，他總在提醒我「知識就是力量」，而且伴隨著金錢而來的是更大的力量，因此也需要更多的知識來保有金錢，讓錢翻倍。

沒有知識，就會被這世界擺佈。富爸爸經常提醒我和邁克，最大的惡霸不是老闆或主管，而是稅務人員，如果你讓他們予取予求，稅捐人員就會從你那裡拿走更多。

讓錢為我工作，而不是我為錢工作，這是真正的力量。如果你為錢工作，你就把力量給了雇主；如果錢為你工作，你就能保有力量、掌控全局。

當我們掌握了讓錢為我們工作的道理，富爸爸希望我們在財務上精明，不要受任何人、任何事物擺佈。如果你無知，就容易被欺負。如果你懂自己在說些什麼，你就有機會一搏。這也是富爸爸為什麼要高薪聘請聰明的稅務師和律師的原因了——畢竟給他們的錢要比付給政府的少得多。「精於思考就不會被別人牽著鼻子走」，是他給我上過最好的一課。富爸爸瞭解法律，因為他是一位守法的公民，而且他很清楚不懂法律會付出昂貴的代價。「如果你知道你是對的，就能無懼反擊」，哪怕你面對的是「羅賓漢」和他的「綠林好漢」們。

我受過高等教育的爸爸總是鼓勵我去一家大公司找個好工作。他的價值觀是：「順著公司的梯子，一步步往上爬。」他不知道，僅僅依賴雇主的薪資，就永遠只能當一頭溫順的乳牛，任人擠乳。

當我對富爸爸講了我爸爸的建議時，他笑了。「為什麼不當梯子的主人？」這就是他全部的話。

作為一個小孩子，我不明白富爸爸所說的擁有自己公司的含義，這似乎是一個嚇人的、遙不可及的念頭。雖然我為這話激動，但年紀卻不允許我去幻想有一天會有大人為我的公司工作。事實上，如果不是富爸爸，我大概就會接受我那受過高等教育的爸爸的建議了。正是富爸爸不時地提醒，使我擁有自己公司的念頭從未曾消失，並使我走上了另一條道路。當我十五、六歲時，雖然當時我不知道我將怎麼做，但我知道自己不會繼續走我爸爸建議的那條路了，也就是我的大多數同學要走的路，這個決定改變了我的一生。

我二十多歲時，才開始更能體會富爸爸的建議。我當時剛離開海軍陸戰隊去了全錄公司，賺了許多錢，但每次當我看著薪資單時，我都感到失望，扣除額是如此之大，而且我越是努力工作，扣的就越多。當我更為成功時，我的老闆們談到了升職和加薪，這的確令人心花怒放，但我可以聽到富爸爸在我耳邊問我：「你在為誰工作，你使誰富有了？」

一九七四年，當時我仍是全錄的雇員，我開了第一家公司並且開始「關注自己的事業」。當時我的資產欄已經有幾項資產，但我決心使它增加，這些年來賺著被扣減的薪資使我完全明白了富爸爸的建議。

如果我繼續聽從我爸爸的建議，我已經可以預見我的將來。

許多雇主覺得，建議雇員關注他們自己的事業對其本職工作不利。對某些人來說，可以肯定的確如此，但對我而言，關注我自己的事業，增加資產，卻使我成為一名更好的雇員，因為我現在有了目標。我很早進公司，勤奮地工作，盡可能地存錢投資房地產。夏威夷正在開發，大有發財機會。我越意識到我們的經濟正要起飛，我賣出的全錄機器就越多。我賣得越多，賺的錢也就越多，當然，扣的也就越多，這可不是件振奮人心的事，但我仍然努力工作累積投資的本錢，希望盡快逃離為別人工作的陷阱。到一九七八年，我的銷售業績總是列在公司前五名，我極度渴望跳出這場「老鼠賽跑」。

不到三年的時間，我的房地產公司賺到的錢已經比在全錄賺到的更多。而且我在我的公司的資產欄所賺到的錢，完全為我工作，我不用挨家挨戶去敲門推銷全錄機器。富爸爸的話越來越有道理了。沒多久，地產產生的現金流太強勁了，我的公司幫我買了我的第一輛保時捷，全錄的同事以為我是用銷售佣金買的，但我是把佣金投資到資產上。

我的錢為我賺回更多的錢，在我的資產中，每一塊錢都是一名雇員，它們努力工作並帶回更多的雇員，且還能用稅前價格為我這個老闆買輛新的保時捷。我開始更賣力為全錄工作。這個計畫是可行的，保時捷就是證明。

透過運用富爸爸教我的那些課程，讓我年紀還不算大的時候，就脫離了「老鼠賽跑」。而成功的原因就是從那些課程中所學到扎實的財務知識，如果沒有這一些被我稱之為財務智商的知識——我的經濟自主之路將會困難得多。我現在在研討會上把這些知識教給其他人，我希望別人也能和我一起分享這些知識。無論何時，當我談到這些知識，我都提醒人們，財務ＩＱ是由四個領域的專業知識所構成的：

1. **會計**：也就是我說的財務知識或者看懂數字的能力。如果你想建立一個屬於自己的帝國，財務知識是非常重要的技能。你管理的錢越多，就越需要精確，否則這大廈就會倒下來。這部分是左腦處理的，或者說是細節。財務知識能幫助你讀懂財務趨勢。

2. **投資**：投資就是「錢滾錢」的科學。投資涉及到策略和方案，這是右腦要做的事，或者說是創造力。

3. **瞭解市場**：它是供給與需求的科學。你必須瞭解市場的「技術面」是受情感驅動的。市場的另一個因素是「基本面」，或者說是一項投資的經濟意義。一項投資究竟有無意義，最終取決於當前的市場狀況。

4. 法律：一間公司如果擁有會計、投資和市場的操作技能，將能獲得爆炸性的成長。而瞭解稅收優惠政策和公司法律的人，能比雇員和小業主更快致富。這就像一個人在走，而另一個人卻在飛，從長期來看，財富的差距就更大了。

．**稅收優惠**。公司可以做許多個人無法做的事，像是稅前先支付開銷。這是一個如此令人激動的專業領域。

雇員賺錢、納稅，並靠剩下來的金錢生活；一個企業賺錢、花錢，剩下的金額才繳稅。這是富人鑽的最大法律漏洞，如果你有能帶來現金流入的投資，設立公司來節稅是簡單又划算的方法。例如，如果擁有自己的公司，夏威夷的董事會就是你的假期，買車以及車子的修理費、健身俱樂部會員費是企業支出，大部分的餐費更是企業的支出，而且它們都在稅前被合法做支付。

．**在訴訟中獲得保護**。我們生活在一個愛打官司的社會中，每個人都想分一杯羹。富人用公司和信託來隱藏部分財富，當一些人起訴富人時，他們經常遇到法律對富人的保護，並發現這名富人其實一無所有。他們掌控一切，但一無所有。窮人和中產階級盡力去擁有一切，但最後卻不得不支付給政府和那些樂於起訴有錢人的小市民們。他們是從羅賓漢的故事中學到的：劫富濟貧。

本書的目的並不是具體教你如何擁有一個公司。但我仍要說，如果你擁有的任何一種合法資產，我都會考慮儘快找出如何以公司的形式提供更多的利益和保護，享受到更多的好處和保護。有很多書籍寫過這個題目，會詳細到告訴你建立一個企業的必要步驟和能享受的優惠。有一本書叫《股份有限公司和致富》（*Inc. and Grow Rich*），就對私人公司的能量方面提供了很好的見解。

「財務ＩＱ」實際上是許多技巧和才能的結合。但我仍說它由以上所列的四項技能綜合組成。如果你想致富，上述的組合將大大增加你個人的財務智商。

小結

擁有公司的富人：一、賺錢；二、支出；三、繳稅

為公司工作的人：一、賺錢；二、繳稅；三、支出

作為財務策略的一部分，我建議你找出能夠合法保護自己的事業和資產的節稅方案。

第五課

富人的投資

能夠在真實世界位居領先的，通常不是最聰明的，
而是最勇敢的那些人。

昨天晚上，在寫作的空檔，我看了一個電視節目，講的是一個叫亞歷山大·貝爾的年輕人的故事。那時候，貝爾剛剛為他的電話機申請了專利，卻因為無法滿足市場對於他新發明的強勁需求而感到苦惱。為了得到大公司的奧援，貝爾找上了當時的巨無霸西部聯合公司，問他們是否願意購買他的專利和他的小公司，他的開價是十萬美元。西部聯合公司的老總嘲笑並拒絕了他，認為這個價格簡直是荒謬可笑。後來發生了以下的事情：一個擁有數十億美元的產業產生了，而且最終成立了AT&T。

貝爾創業經歷的下一個節目是晚間新聞，其中一則談到了地方企業又一次裁員，公司的工人們憤怒地譴責企業負責人的做法。在工廠門口，一位大約四十五歲的離職主管帶著他的妻子和兩個孩子，要求警衛讓他進去和老闆對話，請老闆重新考慮解雇他的決定，因為他剛買了一間房子，害怕房子不保。透過鏡頭，全世界都看見了他的懇求，這件事自然也引起了我的關注。

我從一九八四年開始教育生涯，這是一種非常棒的經歷，甚至是一種獎勵。但也是一個令人不安的職業，因為我曾經教過數千人，從中發現了所有人（包括我自己）的一個共同點：我們都擁有巨大的潛能且充滿天賦。然而，問題是我們都或多或少存在著某種自我懷疑，阻礙自己前進。但這些阻礙卻很少是由於缺乏技術性資訊所引起，更多是因為缺乏自信。

一旦離開學校，我們之中大部分人就會意識到，僅僅有大學文憑或好分數是遠遠不夠的。在校園之外的現實世界裡，有許多比擁有好成績更重要的東西，我常常聽到人們將這些東西稱之為「魄力」、「勇氣」、「毅力」、「大膽」、「氣勢」、「精明」、「勇敢」、「堅強」、「才華橫溢」等等。不管怎麼稱呼，這些因素都比學校分數更能從根本上決定人們的未來。

在我們每個人的性格當中，既有勇敢、聰明、大膽的一面，也有畏懼、愚昧和膽怯的一面，這就好像一些非常勇敢頑強的英雄，有時也會跪下來乞求上帝的恩賜。作為一名海軍特種部隊飛行員，我在越南戰場上待了一年後，發現這兩種傾向在我身上同時存在，看不出哪種傾向較具優勢。

但是，作為一名教師，我意識到過分的畏懼和自我懷疑是壓抑才能的最大因素。看到學生們明明知道該做什麼，卻缺乏勇氣付諸實踐，我就感到十分悲哀。

能夠在真實世界位居領先的，通常不是最聰明的，而是最勇敢的那些人。

根據我的個人經驗，培養財務智慧既需要有專業知識，又需要有足夠的勇氣。如果過於畏懼，往往會壓抑才能的發揮。在我的班上，我力勸學生學著去冒險，勇敢地發揮才能，讓天賦把不安的情緒轉化成動力和智慧。我的建議使許多人受到觸動，甚至受到良好的影響，後來我也明顯意識到，對大多數人來說，一旦涉及到金錢的問題，他們總是把安全性放在第一位。我常在課堂上被問到這些問題，諸如：為什麼要去冒險？為什麼必須不厭其煩地提高自己的財務ＩＱ？為什麼必須懂得財務知識？

對此，我只有一個回答：「就是為了獲得更多的選擇。」

巨大的變化還在後頭。未來幾年，世界上會出現更多像貝爾那樣的人。每年全世界會產生一百個像比爾．蓋茲那樣的人，也會創立出更多像微軟一樣成功的公司。當然，全世界每年也會有更多的公司破產，並發生解僱和裁員。

那麼，一個人為什麼非得要提高自己的財務智商不可呢？除了自己，沒有人能回答這個問題。不過，我可以告訴你為什麼我自己要這樣做。原因很簡單，做這些工作是我生命當中最快樂的事情，我接納變化而不是擔心變化，更喜歡設法賺到數百萬元，而不是擔心能不能獲得加薪。當今我們所處的時代是歷史上前所未見最激動人心的時代，當後人回顧今天這段歷史時，一定會感嘆這是一個多麼充滿機遇的時代。舊的東西滅亡了，新的東西產生了，到處都在發生翻天覆地的變化，這的確讓人興奮不已。

那麼，究竟為什麼要努力提高自己的財務智商呢？因為這樣做，你就會獲得更大的成功；不這樣做，對你來說，這個時代就將是一個令人恐慌的時代。你會發現一些人勇敢地走在前面，而另一些人卻陷入生活的惡性循環。

三百年前，土地是一種財富，因此，誰擁有土地，誰就擁有財富。後來，美國依靠工廠和工業產品升格為世界頭號強國，工業家占有了財富。今天，資訊便是財富。問題是，資訊以光速在全世界迅速傳播，新的財富形式不再像土地和工廠那樣具有明確的範圍和界限。變化會越來越快，越來越顯著，百萬富翁的數目會快速地增加，同樣，也會有許多人被遠遠地拋在後面。

今天，我發現許多人在苦苦工作、苦苦掙扎，原因是他們依然執著於陳舊的觀念。他們希望事情都能原封不動，抵制任何變化。那些失去了工作或房子的人總在抱怨技術進步，或是埋怨經濟狀況不佳以及他們的老闆，卻沒有意識到問題的癥結在於他們本身。陳舊的思想是他們最大的包袱，也可以說是最大的債務。為什麼呢？原因很簡單：他們沒有意識到過去的某種思想或方法在昨天還是一種資產，但在今天早已變成了負債。

一天下午，我正在講授投資問題，並以「現金流」遊戲作為教具。我的朋友帶了一位女士前來聽我的課。這名女士最近離婚了，她在離婚問題的處置上遭遇到沉重的打擊，正想尋找某種答案。我的朋友認為她聽聽我的課也許會有所幫助。

「現金流」遊戲設計的目的，是幫助人們瞭解金錢如何運作。在玩遊戲的過程中，人們可以瞭解損益表和資產負債表之間的互動關係，弄懂如何在這兩張表之間記錄「現金流量」，並且透過增加資產欄上的月現金流量，使你的月現金流量超過每月支出金額，進而達到財富增長，最後你就能從「老鼠賽跑」中跳脫出來，進入到「快車道」上。

我曾經說過，有些人討厭這個遊戲，也有許多人喜歡，還有一些人不太在意這個遊戲。這位女士就錯過了一個學習財務知識的大好機會。在第一輪中，她抽到一張「額外支出」卡，一開始她很高興，「噢，我得到了一艘遊艇！」接著，當我的朋友試著向她解釋如何在損益表和資產負債表上做數字紀錄時，她非常沮喪，因為她從來就不喜歡與數字打交道。桌上的其他玩家一邊等著她，而我的朋友則不停地向她解釋損益表、資產負債表和月現金流量之間的關係。終於，她弄明白了數字紀錄的奧妙，並且意識到遊艇實際上是消耗了她的資金。後來在遊戲中，她在「失業」格停過，還添了一個孩子，不用說，這個遊戲對她來說簡直是糟糕透了。

課後，我的朋友告訴我，這位女士不太開心。她來聽課原本是為了學習投資知識，並不是要花這麼長的時間來玩一個愚蠢的遊戲。

我的朋友試圖建議她反觀自身，也許這個遊戲在某些方面正好反映了她的情況。但是這項建議起了負作用，這位女士要回了自己的學費。她說，要是認定這樣一種遊戲就能反映她的情況，簡直是荒謬至極。她的學費也立即歸還了，然後她就走了。

自一九八四年以來，我透過從事學校正規教育系統所沒做的事情，就輕鬆地賺了數百萬美元。在學校，大部分老師都喜歡不停地講解，我當學生的時候就不喜歡這種授課方式，因為我很快就會厭倦分心。

一九八四年起，我開始使用遊戲和道具來進行教學。我常常鼓勵我的成人學生從遊戲中看出哪些反映了他們所知道的情況，哪些是他們還需要學習的東西。最重要的是，遊戲能反映一個人的行為方式，因為它是一個即時回饋系統。這個遊戲不需要老師不停地講解，它就像是你個人的自我對話，時時刻刻都在與你自己溝通。

後來，朋友打電話告訴我有關那位女士的近況。她說，那位中途離開的女士現在很好，已經平靜下來。當她冷靜下來時，就開始發現那個遊戲與她的生活的確存在著某種微妙的關係。

雖然她和她丈夫不曾擁有一艘遊艇，可是他們確實擁有其他所有他們期望得到的東西。對於離婚，她感到憤怒，不只是因為她的丈夫另結新歡，也因為結婚二十年來，他們幾乎沒有累積什麼資產，居然沒有能夠對分的財產。二十年的婚姻生活確實充滿了樂趣，但是他們擁有的卻是一大堆不值錢的東西。

她意識到對於數字的憤怒情緒，來自於自己不懂得損益表和資產負債表中這些數字的含義。她認為財務是男人的事情，所以她只負責操持家務，而讓丈夫掌管財務大權。現在她才意識到，在他們婚姻生活的最後五年裡，他一定瞞著她藏了不少錢。她後悔自己沒有多留意錢都用到哪裡去了，就像她沒有注意那些女人一樣。

就像玩這種紙上遊戲一樣，現實世界也總是給我們即時的回饋。我們關注越多，學到也就越多。這就好像不久前的一天，我對太太抱怨說，一定是洗衣店把我的褲子洗到縮水了。太太卻微笑著拍著我的肚子說：「你沒有注意到嗎？不是褲子縮小了，而是你的肚子變大了。」

「現金流」遊戲的設計能給予每位玩家不同的回饋，它的目的是給予你不同的選擇機會。如果你抽到買遊艇的卡片且因此而負債，問題就產生了：「現在你可以做什麼？你可以採取多少種不同的財務選擇？」這就是遊戲的目的——教會玩家去思考和創造新的、各種不同的財務選擇。

全世界有數千人玩過，在遊戲中，最快能從「老鼠賽跑」中勝出的人，都是對數學很精通，而且具有創造性財務思維的人，他們懂得不同財務選擇的意義。在「老鼠賽跑」中花費時間最長的人，往往是那些不精通數學，且不懂得投資威力的人。富人通常比較具有創造性，會精心籌劃後再去冒險。也有許多人在「現金流」遊戲中賺到許多「錢」，卻不懂得如何利用錢。他們之中的大部分人在現實生活中的個人財務也不太成功，即使他們有「錢」，但其他人似乎都超過了他們。

限制自己的選擇機會和執著於陳舊思維相當類似。我有一個高中時代的朋友，現在擁有三份工作。二十年前，他曾是同班同學中最富有的一個，然而後來當地的甘蔗園倒閉了，他任職的製糖公司也跟著關門。在他看來，他只有唯一的選擇——一種陳舊的選擇：努力工作。問題在於，他再也無法找到一家能夠承認他的工作價值的公司。結果，他高估了現有的工作，薪水也降低了。如今，他不得不同時身兼三份工作，以賺到足夠的錢來維持生計。

我常聽到玩「現金流」遊戲的一些玩家抱怨「好機會」總是不來光顧他們，於是，他們就坐在那裡邊發牢騷，邊守株待兔。我知道他們在現實生活中也會這麼做：等待「好機會」的到來。

我也曾見過有人得到了「機會」卡卻沒有足夠的錢，於是他們就感嘆要是有足夠的錢，就能夠在「老鼠賽跑」中取勝，所以他們也在那裡空等。我知道他們在現實生活中也會做同樣的事情：眼看著有許多大生意可做，手上卻沒有多餘的錢。

我還見過有人抽到一張「機會」卡，大聲讀出來後卻懵然不知那是一個好機會。他們手上有錢，又擁有機會卡，卻看不出美好的機會就在眼前，不懂得讓這個機會配合自己的財務計畫，從「老鼠賽跑」中逃脫而出。我還發現，大部分人只存在上述某一種問題，只有很少人同時存在幾個問題。其實，大部分人一生當中，至少會有一個機會在他們面前散發光芒，只是由於自身的問題，使他們面對機會卻視而不見。一年之後，當他們猛然意識到那個機會的價值時，一切為時已晚。

更多的財務知識僅僅是為了擁有更多的選擇機會而已。如果機會沒有按照你所想的方式出現，那麼你能做點什麼來改善自己的財務狀況呢？如果機會降臨到你的頭上，但你卻沒有錢，而銀行也不來幫你，又該如何利用這一機會受益呢？如果你的預感是錯誤的，所預計的事情並沒有發生，你又如何將一小筆錢變成數百萬美元？換句話說，當你要求的沒有出現時，你能想出多少種財務方法，把一小筆錢變成數百萬美元呢？這就得依靠你的財務智慧，看你在解決財務問題上有怎樣的創造力了。

但大部分人只知道一種方法，那就是努力工作、儲蓄，或者借貸。

那麼，為什麼你想提高自己的理財能力呢？因為你想成為那種能夠為自己創造機遇的人。你希望能坦然接受發生的任何事情，並努力使事情變得更好。很少有人知道機遇和金錢是可以創造的，但是，如果你想更幸運，賺到更多的錢，而不只是辛苦工作，你的理財能力就非常關鍵。如果你是那種等待「好事情」發生的人，那麼你可能有的等了。這就好比在動身旅行之前，非得要等到前面五公里長的紅綠燈都變成綠色不可。

小時候，富爸爸經常教導我和邁克：金錢不是真實的資產。從我們第一次用牙膏管「造錢」起，富爸爸就常啟發我們去瞭解金錢的祕密。他說：「窮人和中產階級為金錢而工作，富人則創造金錢。你把金錢看得越重要，你就會工作得越辛苦。如果你能夠懂得『金錢不是真實的資產』的道理，就會更快富有起來。」

「那金錢是什麼？」我和邁克反問：「既然金錢不是真實的資產。」

「它只是我們大家都認可的東西。」富爸爸回答。

我們唯一的、最重要的資產是我們的頭腦。如果受到良好訓練，轉眼間它就能創造大量的財富。而一個未經訓練的頭腦灌輸自己家庭不正確的生活方式，也會將極度貧困的生活延續到好幾世代。

在資訊時代，金錢越來越讓人感到不可思議，一些人僅憑思想和所謂的合約就能從一無所有突然一夜暴富。但如果你詢問那些以從事股票買賣或投資活動維生的人，這是怎麼回事，他們會把這視為稀鬆平常。因為他們之中常有人從一無所有瞬間變成百萬富翁，這一切只是透過買賣合約，而非透過實際金錢來交易的。它們通常只是交易所的一個手勢，或是從里斯本移到多倫多的交易商眼前那台螢光幕上的一個光點，抑或是向自己的經紀人下達的買入，以及片刻之後賣出的一個指令，完全都是透過合約來進行的。

那麼，為什麼要開發我們的理財天賦呢？只有你自己能回答這個問題。但我可以告訴你為什麼我要發展自己這方面的能力，因為我想快速賺錢。不是我必須做，而是我想要做，這是一個令人著迷的學習過程。我開發自己的財務智商，是因為我想要參加這世界上最快、最大的遊戲。從我自己的觀點來看，我願意成為這場史無前例的人性革命洪流的一部分，並投入這個人們僅靠腦力而不是依靠體力來工作的時代。除此之外，這也是一場行動，一件正在發生的事情，一股趨勢。這是一個驚險故事，而且，這更是一件非常有趣的事情。

這就是我為什麼要提高財務能力，開發我所擁有的最強而有力的資產。我想和勇者為伴，不希望與落後的人為伍。

我要告訴你創造金錢的一個簡單例子。九〇年代初，亞利桑那州鳳凰城的經濟一團糟，我在家看電視節目《早安美國》時，有位財務規劃專家出現在電視上預測經濟狀況，他的建議是儲蓄。他說，只要每月拿出一百美元存起來，四十年後你就會成為百萬富翁。

不錯，每月拿出一筆錢存起來，聽起來確實是一個好主意。這是一種選擇，一種大多數人都會做的選擇。問題就是：它會蒙蔽人們的雙眼，使他們看不到事實發展的真相，因此錯過更多更好、能夠致富的機會。於是，機會就此與他們失之交臂了。

我剛才說過，那時候經濟很不景氣，但是對於投資人來說，卻是一個絕佳的市場良機。我有一大筆錢投資於股票和房地產，手頭缺少現金。這是因為每個人都在賣出資產，而我卻在買入。我不是在儲蓄金錢，而是在投資。我太太和我有一百多萬美元的現金投資在將會迅速上升的市場上，我們相信這是最好的投資機會。儘管經濟很糟，但是我不會放棄這些機會。

原先價值十萬美元的房屋現在只值七萬五千美元。但我沒有透過當地房地產公司買進這些房地產，而是去找破產事務律師辦公室，或者透過法院開始洽談業務。在這些地方，一幢七萬五千美元的房屋有時可以用兩萬美元或更低的價格買下。首先，我以現金支票的形式支付給律師兩千元訂金，這是我向朋友借的，為期九十天、利息兩百元。當購買程式一啟動，我就在報紙上刊登售屋廣告，以六萬美元、零頭期款的條件，賣出這幢價值七萬五千美元的房屋。我的電話很快就響個不停，我對有希望成交的買主一一進行了調查和篩選。然後，當房屋在法律上歸我所有後，所有可能成交的買主都被允許去實地察看這幢房屋。交易非常順利，房子在幾分鐘之內就售出了。我要求得到兩千五百美元的手續費，買主很高興地支付了。這筆錢我用來支付仲介服務費用、償還我的朋友兩千美元和額外的兩百美元利息。在這筆交易中，我的朋友高興、房屋的買主高興、律師高興，而我，當然更高興。

我支付兩萬美元的成本買入一幢房子，又以六萬美元的價格賣出去，淨賺的四萬美元以買主開出的本票流入我的資產欄。全部的工作時間累計起來只有五個小時。

如果現在你略懂財務並能閱讀數字，我可以用上述交易為例，向你說明金錢是如何創造的。

在這個蕭條的市場中，我和太太利用閒暇時間做成了六筆這樣的簡單交易。

當我們的大量資金被投入到增值性的財產和股票市場而無法動用時，我們透過這六

在資產上創造 4 萬美元，且無須繳徵稅。按 10%的利息計算，你的現金流每年可增加 4,000 美元。

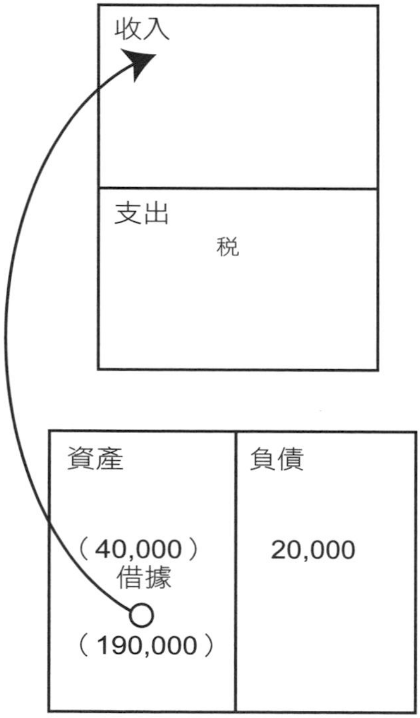

次買入、撮合和賣出交易，賺取了十九萬美元。這筆資產的票面利率為百分之十，這樣我們每年有了大約一萬九千美元的收入，而且這筆收入又被我自己的公司「隱瞞」下來，因為每年這一萬九千萬美元的大部分被用於支付公司的車輛費、汽油費、差旅費、保險費、招待費以及其他費用。當政府對這筆收入課稅時，這些支出可以作為合法的稅前費用被扣除。

這是運用財務智慧、使用金錢、創造金錢，以及保護金錢的一個簡單例子。

儲蓄 4 萬美元要多少的時間，完成 50%又得徵稅多少？

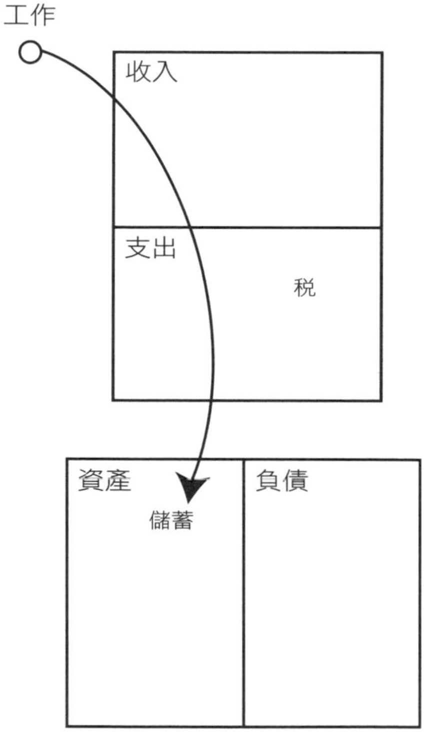

請問你花多長時間才能存到十九萬美元？銀行會支付給你百分之十的利息嗎？貨幣會保持三十年不貶值嗎？我覺得銀行儲蓄是不可能讓我存到十九萬美元的，而且即使他們最後能支付這筆存款本金，我還得因此繳稅。此外，在三十年裡每年要付給我一萬九千美元，從收入上來講遠高於五十萬美元，這對銀行來說更是不可能。

有人問過我，如果那位買主不能支付，那怎麼辦？這種事情不會發生的，如果真的發生，反而是個好消息。那幢六萬美元的房屋，再買回後可以七萬美元的價格重新賣出，此外，還可按貸款手續費的名義再收入兩千五百美元。對於新買主仍然可以提供零頭期款的優惠，這一過程還可以一直重複下去。

因此，如果你反應夠快，你會看到，當我第一次賣出房屋時，我歸還了兩千美元。從技術上講，我在交易中沒有投入任何資金，但我的投資回報是無窮大。這就是一個讓錢無中生有的好例子。

在第二筆交易中，當房子重新賣出時，我將兩千美元裝入自己的口袋，並將貸款再延期至三十年。如果我把賺到的錢用來再去賺錢，投資報酬率又將是多少？我不知道，但我確信一定能超過每月存款一百美元的收益率。每月存款一百美元，實際上是要存一百五十美元才能達到預期收益，因為這四十年來，你存入的錢已被課所得稅，而且到期時將再次按照稅率支付稅款。這樣做也許很安全，卻不夠精明。

幾年後，鳳凰城的房地產令全美國嫉妒。我們當年以六萬美元價格賣出的房屋，如今已經上漲到十一萬美元。這時，雖然依舊可以找到一些破產資產，但我要花費更高的資本和時間去尋找這樣的機會。這種機會變得很稀少了，成千上萬的買主都在尋找這樣的機會。市場已經發生改變，現在是轉而尋找其他增加資產項目的時候了。

「在這裡你不能那樣做。」

「這是違反法律的。」

「你在撒謊。」

我聽到的這些評論遠比我聽到的諸如「你能不能告訴我怎麼去做」多得多。

你需要的數學知識其實很簡單，並不需要用幾何或微積分，原因是那些提供仲介服務的公司會負責處理合法交易並提供相關服務。我也不必去做諸如房屋加蓋、修整廁所的工作，屋主自然會去做這些工作，因為這是他們自己的房子。偶爾也有人付不出錢，但這是非常罕見的，因為在這種情況下，他們必須支付延期付款費，或者他們不得不搬出來，重新賣掉房屋，而法院系統會處理這些事務。

當然，這些在你所在的地區可能不管用，市場狀況也會有所不同。然而，我只是想用這個例子說明，只用很少的資金、冒很小的風險，藉由一個簡單的財務運作過程，就能創造出可觀的財富。這一例子也說明了金錢僅是一紙協定而已，任何國中程度的人都能做到這一點。

然而，大部分人卻沒有做到，這是因為大部分人都信奉「辛苦工作，努力存錢」的教條。花大約三十個小時的工作時間，資產欄就增加了十九萬美元，而且不用支付任何一分錢的稅款。下面這二個問題，哪個對你來說比較困難呢？

1. 辛苦工作，付五〇％的稅，省下錢拿去儲蓄。你的存款利率為五％，而且利息還要被課稅。

2. 花些時間來提高你的財務智商，增強你的思考能力和資產項目。

如果你選擇第一種辦法儲蓄十九萬美元，還得計算你所花費的時間，而時間正是你最重要的資產。

現在你會明白，為什麼每當我聽見父母們說「我的孩子在學校受到良好教育，成績很好」時，我總是會默默地搖搖頭。這種教育也許很好，但是這真的足夠嗎？

我前面所說的只是小型投資戰略，用來說明如何把小錢變成大錢。再次強調，我的成功經歷也反映了擁有堅實的財務知識基礎是多麼重要，而打好穩固的財務知識基礎是從接受扎實的財務教育開始的。值得不厭其煩重複一遍的是，財務ＩＱ是由這四項主要技能組成的：

1. 會計：會計是一種財務知識，簡單來說就是閱讀理解數字的能力。如果你想要建立一個企業或從事投資，會計是相當重要的技能。

2. 投資戰略：即用錢生錢的科學。

3. 瞭解市場：貝爾提供市場所需要的東西，比爾．蓋茲也是如此。用兩千美元買的一套價值七萬五千美元的房子，以六萬美元的價格賣出，這就是抓住了市場所創造的機會。市場上，總是有買方，也有賣方。

4. **法律規章：**要關心有關會計、公司方面的法律，以及州和全國的法律及規定。我們必須按規則來進行「遊戲」。

不管是透過購買小型房屋還是大型公寓、公司、股票、債券、珠寶、棒球卡，或是類似的其他東西來成功獲取財富，都必須具備上述基礎，或者說必須同時掌握上述技能。

幾年後，房地產市場開始復甦，人們紛紛湧入這一市場，股票市場也開始繁榮起來，整個美國經濟開始復甦。我開始售出房產，也將投資目標轉移到了祕魯、挪威、馬來西亞和菲律賓。投資環境改變，我們不再買進房地產了，現在我密切關注著房產在資產基礎上的價值攀升，並有可能出售一些房產。我預備出售那六套小型房產，然後把四萬美元的票據轉換成現金。我需要告訴我的會計處理好這筆現金並且合法避稅。下面我要討論的問題是有關資金的投入和回收、市場的景氣和蕭條、經濟的成長和衰退等問題。

在人的一生中，幾乎每一天都會遇到許許多多的機會，可是我們常常對此視而不見，但是機會確實存在。世界變化越大，技術進步越快，提供給你和你的家庭、乃至於子孫的財務安全機會也就越多。

那麼，為什麼不耐心地提高你的財務智商呢？同樣地，能回答這個問題的就只有你自己。我不斷學習和提高的原因是，我知道市場會有景氣和蕭條的更迭，意識到變化正在來臨，更歡迎變化而不是沉溺於過去。我知道市場景氣有起有落，之所以想不斷地提高自己的財務ＩＱ，是因為每當市場發生變化時，一些人會乞求一份工作，同時間，另一些人會抓住生活給予他們的機會——每個人都會偶爾獲得的機會，並將機會轉變成數以百萬計的美元。而這就是財務智商。

常常有人問起那些讓我賺取百萬美元的機會。從個人的角度來講，對於是否使用更多我個人的投資經歷作為例子，我有些躊躇，因為我擔心這樣做顯得有些自吹自擂。自誇並非我的本意，使用這些例子只是為了從數字上或時間上說明一些簡單且實際的事例，而且，使用這些例子也是希望大家知道這一切真的很容易。你越熟悉財務ＩＱ的四大特徵，就會越覺得容易。就我而言，我主要使用兩種工具讓資金成長：房地產和小型公司股票。房地產是基礎，藉由每天買進賣出，我的財產不斷地提供現金流入，偶爾也會有價值上的飆升。再來就是等待小型公司股票的快速增值。

我並不建議別人去做我做的事情，例子就只是例子。如果投資機會太複雜而我不能弄明白，我就不會去投資。只需要簡單的數學計算和一般常識，就能在財務上有好的表現。下面是我用例證的五個原因：

1. 激勵人們學習更多的知識。

2. 萬丈高樓平地起，希望告誡人們打好基礎，之後的事就容易多了。

3. 告訴人們每個人都能取得巨大的財富。

4. 告訴人們條條大路通羅馬。

5. 告訴人們財務知識並不是深奧的科學。

一九八九年，我常常慢跑穿過俄勒岡州波特蘭附近一片美麗的地區，那片郊區有一些宛如薑餅屋的房子。這些房子小巧別緻，令我不禁想起小紅帽蹦蹦跳跳走在去外婆家的情景。

路邊到處都是「房屋待售」的招牌，木材市場十分蕭條，股票市場幾近崩潰，經濟狀況很不景氣。我注意到在一條街上有塊破舊的待售招牌，比其他任何招牌懸掛的時間都要長，一天慢跑路過那裡，我便跑進去見房子主人，他看起來正處於困境之中。

「你想以多少價錢賣掉房子？」我問。

房子主人轉過身來苦笑著說：「給我報個價，」他說：「房子待售已經一年多了，甚至沒有人願意進來看一看。」

「我來看看。」我說。半小時之後，我就以低於他要價兩萬美元的價格買下了這幢房子。

這是一間二房一廳的房子，所有窗戶上都裝飾著薑餅的飾條，房子呈淡藍色帶灰點，建於一九三〇年。房子內部有一個漂亮的岩石壁爐，還有兩個小小的房間，把它拿來出租是再好不過的了。

這棟房子的買價為四萬五千美元，而它實際上值六萬五千美元，儘管當時沒人想要買下它。我付給房屋所有者五千美元的頭期款，一週後，房屋主人高高興興地搬走了，他慶幸自己終於擺脫了那幢房子。我的第一位房客，一位當地的大學教授，住了進去。每月他交給我租金，我拿去償還抵押貸款、管理費等費用後，口袋裡的月現金流量還能增加略少於四十美元的收入，這似乎並不怎麼激動人心。有趣的是，一年後，俄勒岡蕭條的房市場開始復甦。來自加州的投資人，攜帶著大筆資金從他們那依然繁榮的房地產市場上轉向北方，大批購買俄勒岡州和華盛頓州的地產。

我以九萬五千美元的價格將那間房子賣給了一對來自加州的年輕夫婦，而他們也認為自己撿到了大便宜。我希望把獲得約四萬美元的資本利得，採用一〇三一遞延稅款的方式進行交易，於是尋找地方把資金投資進去。過了一個月左右，我在俄勒岡州找到了一間有十二個房間的公寓，這間公寓正好位於比佛頓的英特爾工廠的旁邊。公寓主人住在德國，對於這片地產的價值沒有任何概念，只想趕快脫手。我給這套價值四十五萬美元的房屋報價二十七萬五千美元，最後以三十萬美元成交。我買下了它並持有了兩年，後來我們要搬到鳳凰城，最後我以四十九萬五千美元的價格賣出了它。接著，我在鳳凰城買下了一幢三十個房間的公寓大樓。就像以前俄勒岡州的市場一樣，當時鳳凰城的房地產市場一片低迷，這幢有三十個房間的公寓大樓價格為八十七萬五千美元，頭期款二十二萬五千美元。這幢三十房間公寓出租後，帶來的月現金流量略高於五千美元。後來，亞利桑那州的房地產市場開始回春，一名科羅拉多的投資人出價一百二十萬美元。

這個例子的要點在於說明一小筆錢會如何變為一大筆錢。當然，這還要仰賴對財務報表、投資策略以及市場和法律的瞭解。如果一個人在這些方面不甚精通，那麼很明顯，他們必然會遵循標準的教條，即安全地、分散地投資，並只投向比較保險的專案。問題在於「保險」的投資常常過於安全，太安全則會導致低收益。

大多數大型房屋經紀公司不涉足投機交易，以保護自身及他們的客戶，這是一個明智的政策。

真正炙手可熱的交易不會提供給那些新手。一般來說，那些能使富者越富的最好交易，總是為精通遊戲規則的人準備的。從技術上來講，一個被認為是不夠「老練」的人進行投機交易是不合規則的，當然這種事情也曾經發生過。

我越「老練」，就會得到越多機會。開發財務智商的另一個方法，就是提供自己更多的機會。你的財務智商越高，就越容易分清一項交易是好是壞。依靠你的智慧，你可以避免不利的交易，或者將一項不利的交易變成有利的交易。我發現，我學的東西越多——確實有許多東西值得去學——賺的錢也就越多，因為經過時光的洗禮，讓我累積了更多經驗和智慧。我有許多朋友安全地投資，在崗位上辛勤地工作，卻未能開發出自己的財務天賦，而這種天賦的確需要時間來開發。

我的全部哲學就是把「種子」播在我的資產欄下，這是我的公式。我從小額開始播種，有些長成了，有些則沒有。

我們的房地產公司擁有數百萬美元的財產，這是我們自己的房地產信託投資。我想說的是，這幾百萬美元資產大多都是由五千至一萬美元的金額開始累積的。那些頭期款都幸運地趕上了一個快速上漲的市場，免稅額也增加了，在那幾年，我們就這樣不斷地買進賣出。我們還擁有股票投資組合，由一家公司進行管理。

我和太太將這家公司稱為我們個人的共同基金。我有一些朋友，專門與我們這樣每月都有多餘的錢進行投資的人打交道。我們購買高風險、投機性強的私人公司，而這些公司正準備到美國、加拿大的股票市場上市。有個例子可以說明股票投資的獲利速度是多麼快。

在一家公司上市之前，我們以每股二十五美分的價格購買了十萬股該公司股票。六個月後，這家公司上市了，每股價值上升到二美元。如果這家公司管理有方，價格還會繼續上揚到每股二十美元或更高。好幾次，我們的兩萬五千美元在不到一年的時間變成了一百萬美元。

如果你清楚自己在做什麼，那就不是在賭博；如果你把錢投進一筆交易然後只是祈禱，那便是在賭博。在任何情況下，成功的辦法就是運用你的技術知識、智慧以及對於遊戲的喜愛，減少意外情況的發生並降低風險。當然，風險總是存在的，但財務ＩＱ可以提高你應付意外事件發生的能力。

常常有這樣的情況，對一個人來說是高風險的事情，對另一個人則可能是低風險，甚至幾乎沒有風險。這就是我不斷鼓勵人們將更多投資用在財務教育上，而不是股票、房地產或其他市場的原因。你越精明，就越能應付意外情況的發生。

我個人進行的股票投資交易，對大多數人來說是一件風險極高的事情，因此我絕不提倡人們仿效。自一九七九年以來，我開始做股票投資後賺了不少錢，不過，假使你明白為什麼這樣的投資對大部分人是高風險投資，也許就擁有了在一年內將兩萬五千萬美元變成為一百萬美元的能力，而且實際上只承擔著低風險。

前面說過，我所寫下的一切並不是建議，只是作為簡單的、可能的例子。從事情發生的整個過程來看，我所做的只是一小部分。對於一般人來說，依賴市場和個人的智慧，在五到十年的時間裡，每年獲得超過十萬美元的收入並不困難。如果你能夠保持適當的生活支出，十萬美元的額外收入會很令人高興，不管你是否工作。如果你喜歡，或者為了打發時間，你可以選擇工作，並利用政府的稅收來為自己服務，而不是讓它來損害你的利益。

我的事業基礎是房地產，原因是它很穩定，變化比較緩慢。我把這一基礎建立得很牢靠，它提供給我相當穩定的現金流量。如果管理得當，還會有增值的好機會。持有房地產這樣一個堅固的基礎，對我來說，好處就在於使我在某種程度上，敢於冒很大的風險去買入具有更大投機性的股票。

如果我在股市上賺了一大筆錢，就會用資本利得的一部分支付資本利得稅，然而將餘額投資於房地產，再一次穩固我的資產基礎。

關於房地產還有最後一句話要說，我周遊過全世界並講授投資，在每一個城市，我都聽到人們說，買不到廉價的房地產，但這並不符合我的經歷。即使是像紐約、日本這些大城市裡，或者只是市郊，還是存在這種絕佳的物件，只是大多數人都沒看見。在新加坡，儘管當前房地產價格很高，卻仍能在離城市不遠的地方發現一些低價交易的機會。因此，每當我聽到某人說「在這裡你不能做那個」時，我就會提醒他們，也許正確的說法應該是，「其實，我不知道該怎麼做才能在這邊找到這些好的案件。」

好的買賣應該透過你的腦袋去發掘而不是單憑眼睛看看而已。大部分人沒辦法致富的原因，僅僅是因為他們沒有在財務上受到訓練，所以不知道機會其實就在他們面前。

我也常常被問到：「我該如何著手？」

在最後一章，我提供了我在通向財務自由的道路上所遵循的十個步驟。但是還要注意培養對投資的興趣，感受其中的樂趣，畢竟這只是一場遊戲，有時你贏了，有時你要學習，但是一定要有樂趣。大部分人從來沒有贏過，因為他們太害怕失去，這也是學校教育的一大盲點。

在學校裡，我們被教導「錯誤」是壞事，犯了錯誤就會受到懲罰。然而，如果你看過人類學習的方法，就會明白人類其實是在犯錯過程中學習。我們從跌倒中學會了走路，如果我們從不跌倒，就永遠也學不會走路。學騎自行車也是同樣的道理，儘管我的膝蓋上仍有傷疤，但我今天騎自行車已不費吹灰之力了。富裕更是同樣的道理，不幸的是，大部分人不富有的原因在於：他們太擔心失去。勝利者是不怕失去的，但失敗者都很害怕失去。失敗是成功之母，如果避開失敗，也就避開了成功。

有時我把投資看成是網球比賽。我賣力去打，犯了錯誤，然後糾正，再犯更多的錯誤，然後再糾正，實力就這樣開始提高了。如果我輸掉了比賽，我會走向球網，和對手握手，笑著對他說：「下週六繼續。」

通常有兩種類型的投資人：

1. 第一種類型也是最普通的一種，就是那些進行投資的人。他們聯繫從事個人投資業務的仲介機構，例如房地產公司、股票經紀人或理財顧問等，然後買了一些商品。這些商品可能是共同基金、房地產信託投資、股票或債券等。這是一個清楚簡單的投資方式，就好像一個人到電腦商場購買一台組裝好的電腦。

2. 第二種類型就是那種創造投資機會的投資人。這種投資人通常會組織一項交易，如同一個人去買好電腦零件，然後組裝成一台電腦。雖然我連用零件組裝電腦的第一個步驟都不知道，但我卻清楚應該如何將一個個機會組織起來，也知道誰正在這樣做。

第二種類型的投資人最有可能成為職業投資人，但有可能要花許多年才能將一個個機會組織起來，有時它們根本就不可能集合在一起。我的富爸爸鼓勵我做第二種類型的投資人，學會如何將機會組合在一起，有時候會因此獲得巨大的成功，但有時也會因形勢逆轉而損失慘重。如果你想成為第二種類型的投資人，就需要發展以下三種技能。

1. **如何尋找到其他人都忽視的機會**。你要用心去發現別人忽視的那些機會。

例如，我的一個朋友買了一幢破舊不堪的房子，那房子看起來像是鬼屋，每個認識他的人都很納悶為什麼要買下它。但我的這個朋友卻透過產權公司瞭解到這間房子有四間額外的空房，買下房子後，他把額外的空房拆掉，然後把空地賣給了一位建築商，所得是當初投資的三倍多。兩個月的時間，他賺了七萬五千美元。這筆錢雖然不算多，但它確實比基本工資好多了，而且在技術操作上也並不複雜。

2. 如何增加資金。一般人只會去找銀行貸款，而第二種類型的投資人則知道不找銀行就能融資的辦法。因為從事房地產投資，我學會了如何不找銀行就能買下房子的技巧。房子本身並不太重要，學到融資的技巧卻是無價之寶。

我也時常聽到人們說「銀行不會借錢給我」或者「我沒有錢去買它」。如果你想成為第二種類型的投資人，就需要知道如何做到那些大部分人未能做到的事情。換句話說，大多數人眼睜睜地讓缺乏資金阻礙他們做成一筆交易，如果你能越過這些障礙，就能比那些沒有掌握這些技能的人早一步成為百萬富翁。

有許多次，我在銀行沒有一分錢存款的情況下，買下了房子、股票或公寓。有一次我買了一幢價值一百二十萬美元的公寓，辦法就是「成為聯繫的橋樑」，即透過在賣方和買方之間訂立一紙合同來實現目的。首先，我籌資十萬美元，這將使我能獲得九十天的寬限期來籌措剩下的款項。為什麼要這麼做呢？因為我知道這麼做的價值將是兩百萬美元，甚至更多。但我後來再沒有去籌措資金，因為之前那位借給我十萬美元的人又給了我五萬美元買走了這個交易機會，於是他取代了我的位置，我則離開了。總工作時間：三天。所以說，你買了什麼並不重要，重要的是你對這買賣瞭解多少。投資不是買入，而應該說是一個收集資訊的過程。

3.怎樣把精明的人們組織起來。聰明的人往往會雇用比自己更聰明的人或跟他們一起工作。這樣一來，當你需要建議的時候，就有可以信賴的顧問。

有很多東西需要學習，得到的回報也會非常大。如果你不想學習這些技能，我建議你最好做第一種類型的投資人。懂得了這一點就是你擁有的最大財富，不懂這一點就是你面臨的最大風險。

風險總是無處不在，要學會駕馭風險，而不是一味迴避風險。

第六課

為學習而工作，而不是為了錢

窮爸爸最重視工作的穩定性，富爸爸則認為學習才是根本。

好幾年前，我接受新加坡一家報紙的採訪。一位年輕的女記者準時赴約，採訪立即開始進行。我們坐在一家豪華酒店的大廳裡，喝著咖啡，談論此次新加坡之行的目的。我和暢銷書作家齊格勒一起接受專訪。齊格勒談的是激勵，而我談的是「財富的祕密」。

「有一天，我想成為像你這樣的暢銷書作家。」女記者說。我曾經讀過她在報上發表的一些文章，留下了深刻的印象，她的文章文筆犀利，條理清晰，深受讀者的歡迎。

「妳的文章風格很好，」我回答：「那麼，是什麼妨礙了妳實現自己的夢想？」

「我的工作似乎沒有任何進展，」她平靜地說：「人們都說我的小說非常優秀，但也僅此而已。因此，我繼續在報社工作，至少能賺錢支付帳單。不知道你有什麼建議？」

「有，」我明確地說：「在新加坡，我有一位朋友辦了一所學校，培訓人們從事銷售。他在這裡為許多大公司講授行銷課程，我在想，如果妳去聽聽他的課，或許會對妳的職業生涯大有助益。」

她有點不快，「你是說我應該去學習賣東西嗎？」

我點點頭。

「你是當真的嗎？」

我又點點頭，但她似乎被什麼東西激怒了。我有點後悔自己所說的話，就問道：「有什麼不妥的嗎？」本來我是想幫忙，現在卻得趕快為自己的建議辯解。

「我擁有英語文學碩士學位，還有一份體面的工作，幹嘛要去學做推銷員？我是專業人士，即使我需要到學校接受再教育，也是為了獲得一份更好的工作，絕不是為了去當什麼推銷員。我討厭那些推銷員，他們眼裡只有錢。您說，我為什麼非得去學習銷售不可？」她邊說邊起身，用力抓起了自己的手提包，於是採訪草草收場。

在咖啡桌旁放著她帶來的，是我早期寫的暢銷書《如果你想生活得富裕幸福，就不要去學校？》（*If You Want To Be Rich and Happy, Don't Go to School?*）我拿起這本書，見到她黏在封面上的一張便利貼，「妳看到這個了嗎？」我指著她寫的那張紙。

她低頭去看自己的便條，「什麼？」她困惑地說。

我又指了指那張便利貼，上頭寫著：「羅勃特．清崎，暢銷書作家。」

「上面寫的是最暢銷的作家，而不是最好的作家。」

「我只是一個平庸的作家，而妳則是一位優秀的作家。我去了銷售學校，而妳得了碩士學位。如果把這兩方面結合起來，妳就既是『暢銷書作家』又是『最好的作家』。」

她的眼裡怒火中燒，「我不會屈就自己去學什麼銷售，像你這樣的人士也不應該從事寫作。我是受過專業訓練的作家，而你只不過是一位商人，這並不一樣。」

她扔掉了便利貼，匆匆穿過巨大的玻璃門，消失在新加坡潮濕的清晨裡。

至少，在第二天早上，她給了我一個公平、良好的訪談紀錄。

世界上到處都是精明、才華橫溢、受過良好教育以及很有天賦的人，我們每天都會碰到他們，他們就在我們的周圍。

幾天前，我的汽車不大靈光。我把它開進維修廠，一位年輕的技工在幾分鐘之內就把它修好了。他靠引擎發動的聲音就能確定車子哪裡有毛病，這使我感到非常驚訝。

我常常吃驚於有些人才華過人卻只賺到很低的收入，一些明明聰明又擁有高學歷的人，年收入卻不到兩萬美元。一位精通醫療貿易的商業顧問曾經告訴我，有許多醫生、牙醫和按摩師在財務上困難重重。以前我總是以為他們一畢業，美元就會滾滾而來。這位商業顧問最後告訴了我一句話：「他們只有一項技能，所以賺不到大錢。」

這句話的意思是，大部分人需要學習並掌握不只一項技能，只有這樣收入才能獲得顯著增長。以前我提到過，財務智商是會計、投資、市場行銷和法律等各方能力的總和，將上述四種專業技能結合起來，用錢生錢就會比你想像容易得多。為了賺錢，只有一項技能的人只能努力工作。

有關綜合技能的典型例子，就是那位為報紙撰稿的年輕作家。如果她能勤奮學習掌握市場及銷售方面的技能，收入就會顯著增加。要是換了我，我一定會去學習一些有關書籍的廣告課程和銷售方面的課程，然後在一家廣告公司找一份工作，而不是去報社。即使這樣做會使收入降低，但我卻能從那裡學到如何成功宣傳的技巧。我還會花時間去學習公共關係這一重要技能，以便透過靈活的公共關係來賺取數百萬美元。然後，在晚上或週末，創作我的作品。這些都做到以後，必定能使自己寫的書暢銷，並且，在短時間內成為一位富有的「暢銷書作家」。

當我第一次帶著我寫的書《如果你想生活得富裕幸福，就不要去學校？》去見一位出版商時，他建議我將書名改為《經濟學教育》。我告訴他，如果使用這個書名，我只能賣出兩本書：一本給我的家人，另一本給我最好的朋友，而他們還會希望免費得到它。選擇《如果你想生活得富裕幸福，就不要去學校？》這一「可憎的」書名，卻會受到大眾的歡迎。我贊成教育，但認為應進行教育改革，我一直在呼籲改革陳舊的教育體制。我會選擇這樣一個能使我有機會在更多電視和電台節目中曝光的書名，是因為我願意成為「有爭議」的人物。許多人可能認為我沒有什麼深度，但這本書卻不斷地再版。

一九六九年，我從美國商業海洋學院畢業了。我受過良好教育的爸爸十分高興，因為加州標準石油公司錄用我為它的運油船隊工作。我是一位三副，比起我的同班同學，我的薪資不算很高，但作為離開大學之後的第一份真正的工作，也還算不錯。我的起薪是一年四萬兩千美元，包括加班費。而且我一年只需工作七個月，餘下的五個月是假期。如果我願意，可以不休那五個月的假期，再去一家附屬船舶運輸公司工作，外派到越南去，這樣做能使年收入加倍。

儘管面前有一個很好的職業生涯等著我，但我還是在六個月後辭職離開了這家公司，加入海軍陸戰隊去學習飛行。對此，我受過良好教育的爸爸非常傷心，但富爸爸則祝賀我。

在學校和在工作單位，最普遍的觀點就是「專業化」，也就是說，為了賺更多的錢或者得到提拔，你需要「專業化」。這就是醫學院的學生一入學便立即開始尋求某種專長如骨科或小兒科的原因，會計師、建築師、律師、飛行員及其他很多行業也是這樣。

我那受到良好教育的爸爸也信奉同樣的教條，因此，當他終於得到博士學位時非常激動。不過他也時常感慨，社會對知識學得多的人給予的獎勵少之又少。

富爸爸鼓勵我去做恰好相反的事情。「對許多知識，只需要知道一點就足夠了」，這是他的建議。所以，多年來我在他位於不同地區的公司工作，還到他的會計部門工作，雖然我從來不想做一名會計，但他希望我借助「滲透法」學習到會計的一些常識。富爸爸相信我會明白那些「行話」，而且懂得哪些東西是重要的，哪些東西又是不重要。我也曾做過公共汽車售票員、建築工人、推銷員、倉庫保管員和市場行銷人員。富爸爸一直在培養我和邁克，他堅持讓我們列席他與他的理財顧問、律師、會計師和經紀人的會議，希望我們能對他的商業帝國的每一個小細節都能有所瞭解。

當我放棄在標準石油公司收入豐厚的工作後，受過良好教育的爸爸和我進行了推心置腹的溝通。他非常吃驚和不理解為什麼我會辭去這樣一份工作：收入高，福利待遇好，閒暇時間長，還有升遷的機會。他整晚都在問我：「你為什麼要放棄呢？」我沒法向他解釋清楚，我的邏輯與他的不一樣。最大的問題就在於，我的邏輯和富爸爸的邏輯是一致的，而他的邏輯與富爸爸的邏輯卻從不相同。

對於受過良好教育的爸爸來說，穩定的工作就是一切。而對於富爸爸來說，不斷學習才是一切。

受過良好教育的爸爸希望我去學校學習做一名船員，而富爸爸則認為我去學校是學習國際貿易。因此，在我還是學生時，我跑過貨運，駕駛過到遠東及南太平洋的大型運輸船、油輪和客輪。富爸爸強調我應乘船在太平洋上航行，而不是去歐洲，因為他認為「新興國家」位於亞洲而不是歐洲。當我的大部分同班同學，包括邁克，在他們的兄弟會館內舉辦晚會的時候，我正在日本、台灣、泰國、新加坡、香港、越南、韓國、大溪地、薩摩亞群島和菲律賓等地學習貿易、人際關係、商業類型和文化。我也參加晚會，但不去任何兄弟會館，我迅速地成熟起來了。

受過良好教育的爸爸更加無法理解我為什麼決定放棄工作，加入海軍陸戰隊。我告訴他我想要學習飛行，但實際上是想學會指揮部隊。富爸爸曾向我解釋，管理一家公司最困難的工作是人員的管理。他在軍隊裡待過三年，而受過良好教育的爸爸則免服兵役。富爸爸告訴我學習在危險形勢下領導下屬的重要性，「領導才能是你下一步迫切需要學習的，」他說：「如果你不是一個好的領導人，就會被別人從背後射中，商業活動就像在戰爭中一樣。」

一九七三年從越南回國後，我離開了軍隊，儘管我仍然熱愛飛行，但我已達成在軍隊中學習的目標。我在全錄公司找到一份工作，此舉並非為了物質利益，而是有另外的目的。原因在於，我是一個生性靦腆的人，對我來說，推銷是世界上最令人害怕的主題，而全錄公司擁有美國最好的推銷培訓專案。

富爸爸為我感到十分自豪，而受到良好教育的爸爸則為我感到羞愧。身為一個知識份子，他認為推銷員低人一等。我在全錄公司工作了四年，直到我不再畏懼吃閉門羹。當我穩居銷售業績排行榜前五名時，我再次辭去了工作，又放棄了一份不錯的職業和一家優秀的公司。

一九七七年，我創辦了第一家公司。富爸爸培養過邁克和我怎樣管理公司，現在我就得學著應用這些知識了。我的第一種產品尼龍拉鏈錢包在遠東生產，然後裝船運到紐約的倉庫，倉庫很接近我上學的地方。我的正式教育已經完成，現在是單飛的時候了。如果失敗了，我將會破產。富爸爸認為破產最好是在三十歲以前，他的看法是「這樣你還有時間東山再起」。就在三十歲生日前一夜，我的貨物第一次裝船開離韓國前往紐約。

直到今天，我仍然在做國際貿易，就像富爸爸鼓勵我做的那樣，一直在尋找新興國家的商機。現在我的投資觸角遍及南美、亞洲、挪威和俄羅斯等地。

有一句古老的格言說：「工作的意義，就是『比破產強一點』。」然而，不幸的是，這句話確實適用於千百萬人，因為學校沒有把財務智商視為一種智慧，大部分工人都「按他們的方式活著」，這些方式就是：工作賺錢，支付帳單。

還有另外一種可怕的管理理論這樣說：「工人付出最高限度的努力工作以避免被解雇，雇主提供最低限度的薪資以防止工人辭職。」如果你看一看大部分公司的支付額度，你就會明白這一說法的確道出了某種程度的真實。

純粹的結果是大部分工人從不越雷池一步，按照別人教他們的那樣去做：得到一份穩定的工作。大部分工人為薪資和短期福利而工作，長期來看這樣做卻常常變成一場災難。

相反地，我勸告年輕人尋找工作時要看看能從中學到什麼，而不是只看能賺到多少。在選擇某種特定的職業之前，或者在陷入為生計而忙碌工作的「老鼠賽跑」之前，要仔細看看腳下的道路，弄清楚自己到底需要獲得什麼技能。

一旦人們為支付生活的帳單而整天疲於奔命，就和那些在小鐵籠不停轉圈的小老鼠一樣了。老鼠的小毛腿蹬得飛快，腳下的圈圈也轉得很快，可是到了第二天早上醒來，他們發現自己依然困在老鼠籠裡。

在巨星湯姆．克魯斯主演的電影《征服情海》（Jerry Maguire）中，有許多非常好的台詞，可能最容易記住的一句是「讓我賺大錢」（Show me the money）。但我覺得，另一句台詞才算是一句真理，那是湯姆．克魯斯離開公司時的一幕，他剛被炒魷魚，於是就問全公司的人：「誰願意和我一起走？」整個公司鴉雀無聲，空氣都凝結了，只有一位女同事站出來說：「我願意……可是再過三個月，我就可以升職了。」

這句話在整部電影裡可能是最實在的一句話，道出了人們總是為了生計而忙碌工作的原因。我知道，受到良好教育的爸爸每年都在期望加薪，但每年都十分失望。於是他不得不回到學校獲得更高的學歷資格，以便獲得另一次加薪的機會，但是很快又會再次失望。

我經常問人們一個問題：「你每天忙碌的目的是什麼？」就像那隻從不停歇

的小老鼠一樣，我想知道人們是否會想一想，這樣辛苦地工作到頭來究竟是為了什麼？未來的日子又該怎麼過呢？

克萊格・卡佩爾在《退休的祕密》（*The Retirement Myth*）一書中寫道：我採訪過一家主要的全國性養老金諮詢公司，並和一位專門為高級管理人員制定退休計畫的經理談話。當我問她那些非白領勞工能得到多少養老金收入時，她帶著自信的微笑說：除非有萬靈丹。」「什麼？」我問：「萬靈丹？」她聳聳肩說：「如果戰後生育高峰期出生的這一代發現，他們年老的時候並沒有足夠的錢來維持生計，他們會大失所望的。」卡佩爾接著分析了原先的「退休福利計畫」和後來更加不可靠的「四〇一K計畫」之間的區別。對於今天仍在工作的大部分人來說，這可不太妙，而這僅是退休金，如果加上醫療和長期家庭護理費用，情況將會更加可怕。在一些擁有社會醫療保障的國家，許多醫院不得不做出一些困難的抉擇，例如，讓誰活下來，讓誰不得不死去。他們做出這些決定，純粹是根據這些病人有多少錢、年紀有多大。如果病人年老了，他們常常將醫療服務提供給更年輕的人，而那些又老又窮的病人只好排在隊伍的後面。因此，就像富人能得到更好的教育，富人也能使自己活得更長一些，而那些貧窮的人只好早早死去。

所以，我懷疑工人們真的有把眼光放在未來，還是根本只是等著下個月薪水到來，從未問過自己未來該往哪裡走？當我對那些想賺更多錢的成年人演講時，我總是建議他們對自己的人生要有長遠的眼光。我承認為了金錢和生活安穩而工作是非常重要的，但我仍然主張去尋找另一份工作，以便從中學到另一種技能。我常常提議，如果想學習銷售技能，最好進入一家擁有連鎖行銷系統或稱為多層次市場直銷的公司。這類公司多半能夠提供良好的培訓專案，幫助人們克服失敗造成的沮喪和恐懼心理，而這種心理往往是導致人們不能取得成功的主要原因。從長遠來看，教育比金錢更有價值。

當我提出這些建議時，我常常聽到這樣的反應：「這太麻煩了。」或者：「我只想做我感興趣的事情。」

對於「太麻煩了」的說法，我問：「所以，你寧可辛苦工作一生，並把賺來的五〇%的收入交給政府？」對於另一種說法「我只想做我感興趣的事情」，我會說：「我對進健身房做運動並不感興趣，但還是去運動，是因為我想讓身體更好，活得更長久。」

遺憾的是，有一些古老的說法仍然頗有道理，像「你無法教會一條老狗新的把戲」。除非一個人習慣於變化，否則改變自己是十分困難的。

但是，對於「工作是為了學習新東西」的觀點持游移不定態度的人，我還想說出一句話作為鼓勵：生活就像我去健身房，最痛苦的事情是做出去鍛練的決定，一旦過了這一關，以後的事情就好辦了。有很多次，我害怕去健身房，但是只要我去了，心裡就會感到非常愉快。做完了健身練習後，我總是非常高興地對自己說：做運動真好！

如果你堅持不願意學習新東西，只願意在你的領域裡成為專家，那麼你一定要確定你工作的公司是有工會的，而且工會能保護專業人才。

我那受過高等教育的爸爸被政府冷落之後，變成夏威夷教師工會的會長，他曾告訴我那是他做過最困難的工作。相反地，我的富爸爸一生的努力就是不讓工會組織出現在他的公司裡。這部分他也很成功，即使有幾次看幾乎快出現了，但他總有辦法阻擋下來。

對我個人來說，我不傾向於勞資雙方的任何一方，因為我能理解雙方各自的需要和利益。如果你按學校所教育的那樣去做，成為一位專門人才，那麼最好尋求工會的保護。例如，如果我繼續飛行生涯，就會尋找一家擁有強而有力的飛行員工會的公司。為什麼？因為一生將生只在該行業裡學習到一種有價值的技能，如果我被這一行業遺棄，一生所學的技能對於其他行業便毫無用處。一位擁有十萬小時駕駛大型運輸機紀錄的高級飛行員，每年能賺十五萬美元，可是一旦離職，就很難找到一個收入相當在學校教書的工作了。技能不一定能從一個行業轉到另一個行業，航空業看重的飛行員技能，在學校教育系統並不受重視。

甚至對於今天的醫生來說也是一樣的。隨著醫學的變化，許多醫藥專家需要加入「健康和醫療組織」這樣的醫療機構，教師也一定要求是工會會員。在現今的美國，教師工會是所有工會中最大、最富有的一個，全國教育聯合會擁有巨大的政治影響。教師需要工會的保護，因為他們技能的價值也只是限於學校教育系統內部。因此法則就是：如果你是高度專業化人士，就加入工會，這是應該做的聰明事。

當我在自己教的班上問到「你們中間有多少人能夠做出比麥當勞更好的漢堡」時，幾乎所有的學生都舉起了手。我接著問，「如果你們當中大部分人都能做出比麥當勞更好的漢堡，為什麼麥當勞比你們更能賺錢？」

答案顯而易見：麥當勞擁有一套出色的商務體系。許多才華橫溢的人之所以貧窮，是因為他們只是專心做好漢堡，而對如何運作商務體系卻所知甚少。

我有一位夏威夷的朋友是很棒的藝術家，但他賺的錢屈指可數。有一天，律師打電話告訴他，他母親留給他三萬五千美元，這是他母親的房地產扣除律師費用和政府稅收後的餘額。不久後，他發現了一個可以促進他事業的「機會」。為此，他需要利用這筆錢的一部分來做廣告，以擴大他的影響。兩個月後，他的第一張四色整頁廣告出現在一份昂貴的雜誌上，其讀者主要是富人。然而廣告刊登了三個月後，沒有任何效果，他所繼承的遺產卻全部花光了。現在他想以誤導為由控告那家雜誌。

這是有關「只懂做好漢堡，而不懂得如何將漢堡賣出去」的一個典型例子。我問他學到了什麼，他只是回答：「廣告商都是騙子。」於是我問他是否願意學習一門銷售課程和一門直銷課程，他回答：「我沒時間，也不願意浪費錢。」

世上到處都是有才華的窮人。在很多情況下，他們之所以貧窮或財務困難，或者只能賺到低於他們本來能夠賺到的收入，不是因為他們已知的東西，而是因為他們未知的東西。他們只將注意力集中在提高和完善做漢堡的技能上，卻不注意提高銷售和遞送漢堡的技能。也許麥當勞不能做最好的漢堡，但他們卻能以做出一般水準的漢堡為前提，做最好的銷售和遞送工作。

窮爸爸希望我有所專長，這也是在他看來能夠獲得更高收入的途徑。即使是在夏威夷州長通知他不能繼續在州政府工作時，他仍然繼續鼓勵我學些專長。後來，受到良好教育的爸爸接手了教育工會的工作，為那些高級專業人才和受到良好教育的人士得到更多的生活保障而努力。我們經常爭論此事，但我知道，他從不認為過分專業化是導致這些人需要工會保護的原因。他不能理解，為何你越專業化，就越是陷入陷阱，無法自拔。

富爸爸建議我和邁克「培養」自己。許多企業也做同樣的工作，他們在商業學校尋找一位年輕聰明的學生，開始「培養」他，希望有朝一日他有能力領導這家公司。因此，這些聰明的年輕職員並不去鑽研某一個部門的業務，而是從一個部門轉到另一個部門，從而學到整個企業系統各個方面的知識。富人也常常這樣「培養」他們的孩子或別人的孩子，藉由這樣的過程，孩子能夠對如何經營一家企業有整體的認識，並能知道不同部門之間的相互關係。

對於經歷過二次世界大戰的那一代人來說，從一家公司跳槽到另一家公司是一件「壞事」，而今天人們卻認為這是精明之舉。人們寧願從一家公司跳到另一家公司，也不願意尋求更深入的專業知識，為何不多「學」、進而多「賺」呢？儘管從短期來看，你可能因此賺得較少；但從長期來看，你將從中獲得巨大的收益。成功必備管理素質包括：

1. 對現金流的管理。

2. 對系統（包括你本人、時間及家庭）的管理。

3. 對人員的管理。

最重要的專門技能是銷售和懂得市場行銷。銷售技能是個人成功的基本技能，涉及與其他人的交流，包括與顧客、雇員、老闆、配偶和孩子的來往。而交際能力，如書面表達、口頭表達及談判能力等，對於一個人的成功更是至關重要。我就是透過學習各種課程、教學錄影帶來增長知識，並不斷提高自己的交際能力，最終獲得成功。

正如我提到過的，受過良好教育的爸爸工作越來越努力，也越來越具有競爭力，但他也更深地陷入對自己專業特長的「依賴」之中。雖然他的薪資收入增加了，但他的選擇機會卻消失了。等到失去了政府的工作，他才發現自己在職業選擇上是多麼無能為力。這就好比職業運動員突然受傷，或者年齡太大而無法再參加比賽，他們曾經擁有的高收入工作已經失去，而有限的技能又使他們無法另闢蹊徑。我想，這就是從那時起我那受過良好教育的爸爸變得如此支持工會的原因了，因為他意識到工會能帶給他很大的利益。

富爸爸鼓勵我和邁克對許多東西都涉獵一點。他鼓勵我們和更精明的人一起工作，並把他們組織成為一個團隊。現在這種做法被稱為專家組合。

今天，我看到以前的學校教師現在每年能賺到數十萬美元，他們能賺這麼多是因為他們不僅在本業擁有特長，而且也擁有其他方面的技能。他們既能教書，也能做銷售和行銷。我還不知道是否有比銷售和行銷更重要的技能，但掌握銷售和行銷對大部分人來說是困難的，這主要是因為他們害怕被拒絕。所以，你在處理人際交往、商務談判和被拒絕時的恐慌心理方面做得越好，生活就會越輕鬆。就像我對那位想成為「暢銷書作家」的女作家所建議的一樣，今天也給其他人同樣的建議。在專業技能上非常精通既是優勢，也是弱點。我有許多朋友非常有天賦，卻不善於與其他人進行更多的交流去發揮他們的天賦，結果他們賺的錢少得可憐。我建議他們花一年時間來學習銷售，即使什麼也沒賺到，處理人際關係的能力也會大大提高，而這種能力是無價的。

除了成為好的學習者、銷售者和市場行銷者外，我們還需要成為好老師、好學生。想要真正富有，我們要能付出也要能接受。對那些被財務或職業所困的人來說，他們常常既缺乏給予，也無力索取。我知道許多人之所以貧窮，是因為他們既不是好教師，也不是好學生。

我的兩個爸爸都是慷慨的人，都把付出放在第一位。教學是他們付出的途徑之一，付出的越多，得到的也越多。但一個明顯的區別是對金錢的付出。我的富爸爸捐出許多錢，捐給教堂、慈善機構以及他的基金會，他懂得想要得到金錢就必須先付出金錢。付出金錢是那些非常富有的家庭保持財富的一個祕訣，這也是洛克菲勒基金會、福特基金會這樣的機構存在的原因。建立這些機構是為了獲取財富，透過定期付出財富然後增加更多的財富。

受過良好教育的爸爸總是說：「當我有多餘的錢時，就會把它捐出去。」問題是他從來就沒有多餘的錢。因此他工作更加努力以賺到更多錢，卻沒有注意到一條最重要的金錢法則：「給予，然後獲得。」相反，他卻信奉：「得到了，然後再付出。」

總之，我同時受到兩個爸爸的影響。一方面我是資本主義的堅定信奉者，喜歡以錢生錢的遊戲；另一方面我又是一個懷有社會責任感的教師，深深關注貧富之間日益加深的鴻溝。我個人認為，不完善的教育體系應對這道鴻溝的加深負責。

克服困難

Rich Dad Poor Dad

人們經過學習，掌握了財務知識，但在通向財務自由的道路上仍面臨著許多障礙。我們知道，資產項目可以產生大量現金流，使人們自由享受夢想中的生活，而不必整天為了生計忙碌工作。但掌握財務知識的人很多時候仍然不能擁有充裕的資產項目，主要原因有五個：

1. 恐懼心理

2. 憤世嫉俗

3. 懶惰

4. 不良習慣

5. 自負

原因一：對可能損失金錢的畏懼心理

我從來沒遇過喜歡損失金錢的人，在我的一生中，也從來沒遇過從未損失過金錢的富人。但我曾經遇過許多從未損失過一毫的窮人——我是說在投資活動中。

對損失金錢的恐懼確實存在，每個人都有這種恐懼心理，甚至富人也有。但恐懼本身並不是問題，問題在於你如何「處理」恐懼心理，如何處理損失問題。處理失敗方式的不同造成了人們生活的差異，富人和窮人之間的主要差別在於他們處理恐懼心理的方式。

感到恐懼是正常的，涉及到金錢時表現出怯懦也是正常的，即使如此，你仍然有機會變得富有。每個人都在某些方面是英雄，而在另一方面是懦夫。我朋友的太太是一位急診室的護理師，當她面對流血的病人時，會飛快地衝上去急救，可是當我提到投資時，她卻避而不聽。反之，當我看到鮮血時，絕不會跑上去，而是直接昏倒。

我的富爸爸理解人們對金錢的恐懼症。「有些人怕蛇，有些人害怕失去金錢，這都是恐懼症。」因此，他有個小訣竅可以克服害怕失去金錢的恐懼心理：「如果你討厭冒險，對金錢損失感到擔心，就早點動手累積屬於你的金錢。」

如果你在年輕的時候就開始累積，你就更容易致富。當然，我並不認為儲蓄是一種累積財富的好方法，我不願意在這裡討論這個問題，但應該看到在那些從二十歲開始儲蓄與從三十歲開始儲蓄的人之間，的確存在著巨大的差異。

據說，購買曼哈頓島是有史以來最廉價的交易之一，紐約被以價值二十四美元的低價買下來。然而，如果將那二十四美元用於投資，以八%的年利率計算，到一九九五年這二十四美元就會變成二十八兆美元。如果把二十四美元存起來，到今天除了可以把曼哈頓島買下來之外，剩下的錢還能買下洛杉磯很多地方。可是，如果你沒有很多時間或者希望早點退休，又該怎麼辦呢？你怎樣來應付損失金錢的恐懼呢？

我的窮爸爸在這方面什麼也沒做，他只是一味迴避這個問題，拒絕討論。

我的富爸爸恰恰相反，他建議我用德州式思考。「我喜歡德州和當地的人們，」他常常說：「在德州，什麼東西都大器。如果德州贏了，他們就會贏得很多；如果他們輸了，也會令人稱奇。」

「難道他們喜歡失敗嗎？」我問道。

「我不是這個意思，沒有人喜歡失敗。『如果一定要讓我看到一個失敗者，就讓我看到一個快樂的失敗者』。」富爸爸說：「這就是德州人對於風險、獲利和失敗的態度。這是他們駕馭生活的方式，他們活得很大器，不像這裡的大部分人碰到金錢問題時，生活態度像蟑螂一樣。蟑螂在有人用光照到牠們時會非常害怕，而這種人在雜貨店職員少找給他們兩毛五分錢時，就抱怨個不停。」

富爸爸接著解釋：「我最喜歡的是德州式生活態度，他贏了會感到驕傲，輸了也會自我誇耀。德州有一句諺語，『如果你即將破產，那就破產得更徹底些。』他們不願意讓你知道，他僅僅因為一幢公寓而破產。」

富爸爸經常告訴我和邁克，在財務上不能獲得成功的最大原因是，大部分人的做法過度安全。「人們因為太害怕失敗，所以才會失敗。」這是他常說的話。

對此，前全美橄欖球聯賽的四分衛弗朗．塔肯頓還有另一種說法：「勝利意味著不害怕失敗。」

在我的生活中，我注意到失敗常常伴隨著成功。學會騎自行車之前，我曾經跌倒過許多次。我從來沒有遇過不曾打丟球的高爾夫球選手，也從未見過不曾傷心的戀人，更未曾見過從不損失金錢的富人。

因此，對大多數人來說，他們在財務上不能獲勝是因為，對他們而言，損失金錢所造成的痛苦遠大於致富所帶來的樂趣。德州人的另一句諺語是：「人人都想上天堂，卻沒有人想死。」可是不死怎麼能進入天堂呢？這就如同大部分人夢想發財，卻害怕在投資過程中損失金錢，所以永遠進不了「天堂」。

富爸爸過去常常向我和邁克談他到德州旅行的故事。「如果你真的想學習如何面對風險、損失和失敗，就去聖安東尼奧的阿拉莫。」阿拉莫的傳說是關於勇者在知道毫無戰勝怪物的希望下依然選擇戰鬥的故事，他們寧可選擇死亡，也不願意投降。這是一個值得學習且激勵人心的故事，然而，這的確是一次悲壯的軍事失敗。你想知道德州人面對失敗時是怎樣做嗎？他們高聲呼喊：「記住阿拉莫！」

我和邁克聽這個故事太多次了。做大生意之前或者感到不安的時候，富爸爸就會向我們講這個故事。當他把一切仔細安排好或者一件事情結束的時候，也會向我們講這個故事。每次當他擔心犯錯或害怕損失金錢時，他仍會向我們講這個故事。

這個故事給了他力量，因為它總在提醒富爸爸，只要充滿信心，努力奮鬥，總能將財務轉虧為盈。富爸爸知道失敗只會使他更加強大，更加精明。他並不願意損失，但他清楚自己是什麼樣的人，知道該怎樣去面對損失。他會接受損失並將它變成盈利，而這也是為何他最終成為贏家而別人成為失敗者的原因，同時也是當別人退出時他依然有勇氣衝過終點線的原因。「這就是我非常喜歡德州人的原因。他們接受失敗的事實，並把它轉變成通往成功道路上一個又一個的插曲。」

今天我對富爸爸的這番話有了越來越深的體會：「德州人並不掩飾他們的失敗，他們越挫越勇，接受自己失敗的現實，並將失敗轉化為動力。失敗激發德州人成為贏家，這個公式不僅只適用於德州人，也適用於所有的成功者。」

就像我前面說過的：從自行車上跌下來是學習騎車的一部分。我還記得，從車上摔下來使我更加堅定地要學會騎車。同樣地，世界上沒有從未打錯過一球的高爾夫球選手。作為一位職業高爾夫球高手，打失一個球或輸掉一場比賽只會激勵他做得更好，練得更努力，學更多東西。對於勝利者，失敗激勵他們；對於失敗者，失敗會擊垮他們。

用洛克菲勒的話來說，就是「我總是試圖將每一次災難轉化成機會」。

作為一個日裔美國人，我可以說這樣的話。許多人說珍珠港事件是美國人的失誤，而我卻認為這是日本人的最大失誤。在電影《偷襲珍珠港》（Tora, Tora, Tora）中，一個悲哀的日本海軍上將對自己的屬下說：「我擔心我們搖醒了一個沉睡的巨人。」果然「記住珍珠港」成為一句擁有巨大感召力的口號，它把美國最大的損失之一變成了取得勝利的原因之一。這次巨大的失敗反而給了美國力量，從此美國很快崛起，成為一個世界強國。

失敗會激勵勝利者，也會擊垮失敗者，這是勝者之所以勝利的最大祕密，也是失敗者不知道的祕密。重複一下弗朗．塔肯頓的話：「勝利意味著不畏懼失敗。」像弗朗．塔肯頓這樣的人不害怕失敗，因為他們瞭解自己。他們和所有人一樣討厭失敗，但失敗只會激發他們做得更好。討厭失敗和害怕失敗之間有著巨大的差異，大部分人因為太害怕失敗而失敗，甚至會因一幢兩間房的公寓而完全破產。財務上他們做得過於安全、規模太小，他們買大房子、大轎車，卻不去做大的投資。九〇％的美國公民財務困難的主要原因就在於，他們是為了避免損失而理財，而不是為了獲利而理財。

一部分人會選擇找財務顧問或會計師、股票經紀人等，購買平衡的投資組合。他們之中的大多數人將大量現金以信用違約交換、低收益債券、共同基金，以及一些私人股票的形式進行投資。這是一個安全而合理的投資組合，卻不是一個獲利的投資組合，但可以讓這些人不至於有所損失。

對於七〇%的人口來說，這樣的投資組合可能會讓他們驚慌。安全的投資計畫對於偏好安全的人來說是一個很好的計畫，但是，安全地、平衡地投資於一個投資組合，卻不是成功的投資人應有的投資行為方式。如果你沒有什麼資金而又想致富，首先必須「集中」於一點，而不是追求「平衡」或者是「分散風險」。那些成功者在最初並不是追求「平衡」，追求平衡的人只會在原地踏步而不會前進。要取得進步，就必須先做到「不平衡」，並注意怎樣才能使自己不斷取得進展。

愛迪生不追求平衡，他集中精力於某樣東西；比爾．蓋茲也不追求平衡；索羅斯把注意力緊緊盯在一點上。喬治．巴頓從不會把他的坦克部署在很長的戰線上，而是把坦克集中起來攻擊德國防線上最薄弱的地方；與此相反，法國人佈下漫長的馬奇諾防線，結局眾所周知。

如果你有致富的願望，就必須專注。把很多雞蛋放在較少的籃子裡（當然你還要確信籃子的堅固程度），不要把很少的雞蛋放在許多籃子裡。

如果你不願失敗，那就安全地投資；如果損失會使你元氣大傷，那就穩當一點，去做平衡的投資。要是已經超過了二十五歲，害怕冒險，就不要改變自己的投資方式。但以安全的方式進行投資，就要盡早起步，要早點開始累積你的「雞蛋」，因為以這種方式累積需要大量的時間。

然而，假使你夢想得到財務自由——從「老鼠賽跑」般的忙忙碌碌中解脫出來——你要自問的第一個問題應該是：「我該如何去面對失敗？」如果失敗能激勵你去爭取勝利，可能你就應該去爭取每一次投資機會——但僅僅是可能；如果失敗會使你損失慘重，或者使你煩躁不安，你就會像一個傻瓜一樣，遇到什麼不如意的事情就打電話找律師訴訟，那最好只做穩妥性的投資，繼續你的日常工作，或許購買些債券、共同基金。但是要記住，這些工具也同樣存在風險，即使它們較為安全一些。

說了這麼多，還列舉了德州人和弗朗．塔肯頓的故事和言論，只是想說明累積資產項目非常容易，就好比是玩一場低智商遊戲，不需要受到很多教育，五年級的數學程度就夠了。然而，將資產用於投資卻是一種高智商遊戲，需要膽量、耐心和面對失敗的良好態度。失敗者迴避失敗，而失敗本來是可以使失敗者轉變為成功者的。所以一定要「記住阿拉莫」。

原因二：克服憤世嫉俗的心理

「天要塌下來了，天要塌下來了。」很多人都知道「小雞的故事」，小雞總是圍著穀倉轉，警告即將到來的厄運。我們知道有些人也愛這麼做，其實我們每個人內心也都有「小雞」式的想法。

就像我前面指出的那樣，憤世嫉俗的人簡直就像「小雞」一樣，每當他們心裡害怕、疑慮的時候，就會表現得像一隻「小雞」。

我們總對自己抱有懷疑：「我不太精明」、「我不夠好」、「某某某都比我強」等等。懷疑常常使自己寸步難行。我們總是自問：「要是這樣的話該怎麼辦？」「要是經濟剛好在投資之後開始衰退怎麼辦？」或者：「要是我失去了工作，而不能償還貸款怎麼辦？」有時我們的朋友或者關係密切的人會主動提醒我們注意自己的某些缺點，他們常常會說：「什麼讓你認為能做這些事。」或者說：「如果這是一個好主意，那其他人怎麼不做呢？」或者是：「這不會起什麼作用的，你根本不知道自己在說些什麼。」這些懷疑的話影響如此強烈，以至於我們無法將自己的計畫付諸行動，可怕的感覺在心中滋長，有時甚至夜不成眠。我們無法向前邁進，因為我們想守著那些安全的東西，卻讓機會從身邊溜走。我們眼睜睜地看著時光流逝，心中的結使我們無所作為。在生活之中，我們或多或少都會產生這樣的狀態。

麥哲倫共同基金的基金經理人彼得．林區在股市大跌時仍能臨危不亂，並將外界的干擾視為「雜音」，而我們都聽過這樣的「雜音」。

「雜音」有來自頭腦內部的，也有來自外部的，通常會來自朋友、家庭、同事和新聞媒體。林區回憶五〇年代，那時候，新聞媒體中充斥著核武的威脅，人們開始修築戰時避難所，儲存食物和水。如果他們明智地將資金投在市場上，而不是蓋避難所，今天可能已經實現了財務上的獨立自主。

幾年前某個城市爆發動亂時，全國的槍枝銷售額都上升了。在華盛頓州有個人因吃了漢堡中的生肉致死，於是亞利桑那州衛生部門命令餐館將所有的牛肉完全煮熟。一家藥品公結合某家全國電視台的商業節目，散播人們罹患流感的消息，當流感患者增加，該公司的感冒藥銷售額也隨之增長。

大部分人之所以貧窮，是因為在他們想要投資的時候，周圍到處是跑來跑去的「小雞」，叫嚷著「天要塌下來了，天要塌下來了」。「小雞」的說法很有影響力，在我們每個人的心中引起共鳴。因此，我們常常需要極大的勇氣，不讓謠言和杞人憂天的懷疑加深我們的恐懼和對自己的疑慮。

數年前，一個叫理查的朋友從波士頓來到鳳凰城拜訪我和我太太，他對我們經營股票和房地產非常著迷。當時鳳凰城的房地產價格非常低，我們花了兩天時間，向他介紹在我們看來是獲取現金流和資本收益的絕佳機會。

我和我太太並不是房地產專家，我們僅僅是投資人。調查了一處位於附近社區的房產情況後，我們打電話給一家房地產公司，並由這家公司在那天下午將這間公寓房賣給了這位朋友。一間房室的公寓售價僅為四萬兩千美元，類似的公寓要賣到六萬五千美元。他找到了一筆廉價交易，很高興地買下了它並回到波士頓。

兩週後，那家房地產公司打電話給我，說我的朋友反悔了。我立即打電話給他，想弄清楚原因。他只是說，他對他的鄰居說了這件事，鄰居對他說，這是一筆糟糕的交易，他支付的價格太高了。

我問理查，他的鄰居是不是一位投資家，理查回答「不是」。當我問他為什麼會聽從鄰居的話時，理查沒有正面回答，只說想再觀望一下。

幾年後，鳳凰城的房地產市場開始回暖，一間公寓的租金每月達一千美元，冬天最高時達到兩千五百美元以上。這間公寓原本開價九萬五千美元，理查當時需要投入的全部資金只要五千美元，這樣就可以開始脫離「老鼠賽跑」的勞碌工作了，而今天，他仍然一事無成。鳳凰城的廉價交易依然存在，不過現在你想要再找到它們就會困難一些了。

理查的反悔並未讓我感到驚訝，這被稱為「買家反悔」。這種心理影響著我們所有人。當我們反悔時，意味著我們疑慮了，「小雞」得逞了，而實現財務自由的機會卻喪失了。

在另一個例子中，我保留部分稅收留置證券的資產，來取代信用違約交換。這麼做讓我每年能賺到十六%的利息，遠遠高於銀行提供的利率。這種證券受到房地產法和州法律的保證，且這種保證的可靠性大於大多數銀行存款。事實證明這種投資的方式使資金十分安全，只是缺乏流動性，所以我把它們視為二至十年期限的大額定存。然而，幾乎每次當我告訴某個人（特別是當他擁有大額存款投資時），我以這種方式持有資金，他就會告訴我這樣做太冒險，甚至還會告訴我為什麼不應該那樣做，但當我問他們從哪裡得到這些資訊時，他們就會說是來自朋友那裡或是理財雜誌。他們從來沒有這樣投資過，卻老是勸別人不要這樣做。我所尋求的最低收益率為十六％，可是那些顧慮很多的人卻願意接受更低的投資報酬率。懷疑的代價實在太昂貴。

我認為，顧慮和憤世嫉俗的心態使大多數人一直生活得貧困，但很安全。現實世界等著你去致富，但就是這些顧慮，使人們擺脫不了貧窮。正如我所說，擺脫「老鼠賽跑」的生活在技術上十分容易，這不需要接受太多教育，但那些顧慮使得大多數人寸步難行。

「憤世嫉俗者從來不會贏，」富爸爸說：「未經證實的懷疑和恐懼會產生憤世嫉俗者。他們抱怨現實，而成功者分析現實。」富爸爸解釋，埋怨使人的頭腦受到蒙蔽，而分析使人心明眼亮。進行分析讓成功者看到那些憤世嫉俗者無法看到的東西，也能發現被其他人都忽視的機會，因而發現那些別人忽視的機會正是取得成功的關鍵。

對任何尋求財務獨立或自由的人來說，房地產都是一個很有力的投資工具，可以說是獨一無二的投資工具。然而，每次當我提到房地產時，我經常聽到人們說：「我不想去修理廁所。」這就是林區所說的「雜音」，也是我的富爸爸所說的憤世嫉俗者的說法，這種人只會批評抱怨，而不去分析現實。有些人寧可讓顧慮和恐懼蒙蔽思想，也不願睜開眼睛去觀察現實。

因此當某人聲稱「我不想去修理廁所」時，我就反擊說：「誰跟你說過我想去？」他們似乎把修理廁所這件事看得比他們想要得到的東西還重要。我在談論從「老鼠賽跑」中獲得自由，他們卻把注意力放在廁所上，這就是使人們生活貧窮的思維模式。他們總是批評而不去分析，總是看到細節上的麻煩，看不到解決麻煩之後所獲得的巨大收益。

「『我不想要』是成功的一個關鍵。」富爸爸這樣說。

因為我也不想去修理廁所，所以費了很大的勁尋找了一位房產管理者幫我負責廁所修理工作。也因為找到了一位好的房產管理者來維護我的房子和公寓，這些資產方就會增值，這意味著我的現金流就會上升。更重要的是，一位好的房地產管理者是在房地產交易中成功的關鍵，有助於我去買入更多房地產，因為我不用顧慮廁所有沒有壞了。因此，對我來說，尋找一位好的房地產管理者比房地產本身更重要。此外，一位好的房地產管理者常常會打聽到比在房地產經營機構聽到還要大額的交易，這一點也有助於我的房地產增值。

這就是富爸爸所說的「『我不想要』是成功的關鍵」的含義所在。因為我也不想去維修廁所，才想出買更多的房地產和將自己從「老鼠賽跑」中解脫出來的辦法。那些說「我不想去修理廁所」的人，總是拒絕自己去使用這一項有力的投資工具，修廁所總比他們的自由更重要。

在股票市場上，我也經常聽到人們說：「我不想有損失。」我不知道是什麼使他們認為我或其他投資股市的人喜歡損失。他們不是去分析實際，而只是不理會另一種強有力的投資工具——股票市場。

某次，我和一位朋友開車經過鄰近地區的一座加油站。我的朋友看了看，發現油價上漲了。他總是憂心忡忡，也是那種「小雞」型的人，對他來說，天好像隨時要塌下來，而且會壓到他。

當我們到家時，他向我列舉了所有資料，說明為什麼在即將到來的幾年裡，油價會趨於上漲。我以前從未讀過這些資料，即使我已擁有一家營運中的石油公司股份。根據這些資訊，我立即開始尋找，找到了一家價值被低估了的新石油公司，這家公司正在勘探新的地下石油，這使我的經紀人對這家新公司感到很興奮。我後來買下了它六十五%的股份，共一萬五千股。

三個月後，還是這位朋友，駕車和我經過同一座加油站。的確沒錯，每公升汽油的價格上升了幾乎十五%，這個憂心忡忡的人非常擔憂並且不停地抱怨。我笑了，因為就在大約一個月之前，那家小型石油公司挖到了石油，自從他第一次告訴我那些分析資料後，我買下了一萬五千股的股票，現在每股價格已上升到三美元以上。如果他的推論正確，石油價格還會持續上揚，我的收益還會繼續增加。

如果大多數人懂得股票市場上「停損點」的概念，就會有更多人去投資獲利，而不會投資損失。設停損點就像一個電腦指令，當價格開始下跌時，自動出售你的股票，幫助你使損失最小化、收益最大化。對於那些害怕受到損失的人來說，這是一個極好的工具。

因此，每當我聽到人們執迷於「我不想要」，不去注意他們想要的東西時，我就知道他們腦子裡的「雜音」一定很大。「小雞」掌管了他們的思維，正在叫喊「天要塌下來了，廁所壞了」。於是，他們避開了自己的「不想要」，卻為此付出了巨大的代價——可能將永遠得不到自己在生活中想要的東西。

富爸爸教給我一種看待「小雞」的方式：「要像桑德斯上校那樣去做。」桑德斯上校六十六歲的時候，失去了所有的產業，開始靠社會保險金生活，而那點錢根本不夠用，於是他走遍全國推銷他的炸雞方法。在他最後得到肯定回答之前，曾被拒絕一千零九次。透過努力不懈，他在大部分人打算放棄的年齡又開始了邁向百萬富翁的道路。「他是一個勇敢、堅韌不拔的人。」富爸爸說的人就是，肯德基的創始人哈蘭・桑德斯上校。

所以，如果你顧慮重重，感到有點害怕，不妨像桑德斯上校對待自己的「小雞」那樣：炸了牠。

原因三：懶惰

忙碌的人常常是最懶惰的人。我們聽說過一位商人努力工作賺錢的故事，他努力工作希望為妻兒們提供更好的生活條件，長時間在辦公室地工作，週末還把工作帶回家去做。一天，他回到家，卻發現人去樓空，妻子帶著孩子離開了。他早就知道他和妻子之間有一些問題，但他卻寧願忙於工作，不去改善雙方的關係。可悲的是，他在工作上的表現也開始走下坡，最後失去了這份工作。

我經常遇到那些過度忙於工作、不顧及身體健康的人，原因是一樣的：他們很忙，藉由忙碌工作來逃避問題。沒有人會告訴他們這些，他們就把問題掩蓋起來。事實上，假如你去提醒他們，他們還常常會感到不快。

如果不忙於工作或與孩子在一起，他們常常會忙著看電視、釣魚、打高爾夫球或者購物。總之，把問題掩蓋起來，使他們逃避了一些重要的事情。這是最普遍的一種懶惰形式，一種藉著忙碌來表現的懶惰。

那麼，如何治療這種惰性呢？答案就是多一點點「貪婪」。

對於許多人來說，幾乎都在把貪婪或欲望看作壞事的環境中成長。「貪婪的人都是壞人。」媽媽常常這樣說。然而，我們的心裡都在渴望著擁有那些美好、新奇或令人高興的東西。因此，為了控制這些欲望，父母便常常想辦法教導我們用罪惡感來抑制這種欲望。

「你只考慮你自己，難道不知道還有兄弟姊妹嗎？」這是我媽媽常說的一句話。我爸爸則愛說：「你還想要我幫你買什麼？難道你認為我們是搖錢樹嗎？你認為錢是從樹上掉下來的嗎？你知道我們不是有錢人。」

還有許多這樣的話，這些話影響了我和其他孩子。

另外還有一種父母採取的方式是另一種極端，他們常會這樣說：「我犧牲自己的生活買這個給你，因為我小時候從未得到過這些東西。」我有一個鄰居身無分文，車庫裡卻滿是他孩子的玩具，以至於不能將車停進車庫裡。受溺愛的孩子得到了他們要求的任何東西，「我不想讓他們嘗到貧困的滋味」是他每天都要說的話。

他沒有為孩子上大學或自己退休留下任何東西，但他的孩子卻擁有市面上每一種玩具。他最近剛得到一張信用卡，就帶孩子去拉斯維加斯玩了。「我這麼做全是為了孩子。」臨走時他帶著自我犧牲的神情對我說。

在我看來，以上這兩種父母的教育方式，都不能培養孩子正確的金錢觀念和投資意識。

富爸爸從來不會說「我不能支付這個」這類的話。

在我自己的家裡，這可是我常聽到的，但富爸爸要求他的孩子說：「我怎樣才能夠支付這個？」他的理由是，「我不能支付這個」這句話禁錮了你的思想，使你不會再進一步的思考。「我怎樣才能支付這個」則打開了你的頭腦，迫使你去思索，並尋求答案。

最重要的是，他覺得「我不能支付這個」是一句謊言，堅信人的精神能夠做到一切。「人類的精神力量非常非常強大。」他常說：「你知道你能達成任何事情。」然而，人的頭腦中卻總是有兩個聲音，積極的精神鼓勵你去獲得你想要的，而那個懶惰的思想卻說：「我不能支付這個。」兩種想法在你的腦子裡交鋒，你的精神憤怒了，而你的懶惰思想就會為自己的謊言辯護。你的精神大叫：「來吧，讓我們到健身房鍛練。」而懶惰思想會說：「可是我太累了，今天工作很辛苦。」你的精神會說：「我厭倦了貧窮的生活，讓我們脫離這勞碌的生活而致富。」對此，懶惰思想會說：「富人們很貪婪，也很討厭；這不安全，我可能會有損失；我要盡可能努力工作，我有許多工作要做；看看我今晚必須做的事情，老闆希望我在明天早上前做完這些工作。」

「我不能支付這個」帶來的悲哀和無助會導致失望、冷漠以至於意志消沉。「我怎樣才能支付這個」則打開了充滿可能性的快樂和夢想之門。因此，富爸爸並不太關心我想要買什麼，他只是想促使我們不斷思索「我怎樣才能支付這個」，創造一種更強而有力的思想和更有活力的精神。

所以，他很少給我和邁克買任何東西，相反地，他會問：「你要怎樣才能買得起這個？」於是包括上大學都是我們自己賺錢支付的。並不是目標本身，而是達到我們所期望的目標的這一過程，才是他真正希望我們去學習的東西。

我認為，今天的問題是成千上萬的人對自己的「貪婪」感到罪過，這是他們在少年時代就得到的陳舊思想。他們渴望擁有生活所提供的那些更美好的東西，但面對困難，大部分人卻下意識地調整自己並藉口說：「你不能擁有這個。」或者：「你可支付不起這個。」

那麼，要怎樣克服懶惰心理呢？答案還多一點點「貪婪」，要勇於追求並得到自己想要的生活。記得有家調頻電台的心理節目裡曾經提出「這裡有什麼是為我準備的」這種說法。在節目中，一個人坐下來需要問：「如果我身體健康、性感、長相英俊，我還要做什麼事？」或者：「如果我不再工作，我的生活會是什麼樣？」或者：「如果我擁有自己需要的所有的錢，那我將做什麼？」用這樣的方式來激發人們對美好生活的嚮往和追求。

沒有一點點「貪婪」，沒有想擁有更好物質的渴望，就不會取得進步。世界之所以進步，是因為我們都渴望過更好的生活，新發明的產生也是因為我們渴望更好的東西，努力去學習也是因為我們想要更好的東西。因此，每當你發現自己在逃避心裡清楚應該去做的事情時，唯一要問的就是：「這裡有什麼是我應該得到的？」稍稍「貪婪」一點，這是治癒懶惰的最好辦法。

當然，就像任何事情都要有「限度」一樣，過於貪婪就不好了。但我們必須改掉長期以來壓抑個人需要的社會意識，因為人們需要的正是形成社會需求從而拉動經濟，促進社會發展進步的根源。要記住邁克・道格拉斯在電影《華爾街》（Wall Street）中所說：「貪婪是好事」（Greed is good）。富爸爸以另一種方式說：「罪惡感比欲望要糟，因為罪惡感從身體裡搶走了靈魂。」而對我來說，羅斯福夫人說得好：「做你心裡認為正確的事——因為不管怎麼做總會遭到批評。如果你做，會受到指責；而你不做，還是會受到指責。」

原因四：習慣

我們的生活反映了我們的習慣，而不是所受到的教育。上學時在看過明星阿諾・史瓦辛格主演的電影《王者之劍》（Conan the Barbarian）以後，一位朋友說：「我多想擁有像阿諾那樣的身材！」大部分男生都點頭表示同意。

「但我曾聽說，他過去曾經很瘦弱。」另一位朋友補充說。

「是的，我也聽說過。」另一位朋友則說：「我聽說他幾乎每天都泡在健身房裡。」

「沒錯，我敢打賭他不得不這樣。」

「不是的，」那個崇拜者說：「我肯定他天生如此。算了吧，我們不可能練成他那樣的體格，我們別再談論阿諾了，來喝點啤酒吧。」

這是習慣控制行為的一個例子。我記得問到富爸爸有關富人的習慣問題，他沒有直接回答我，而是像往常一樣希望我從實例中學習。

「你爸爸什麼時候支付帳單？」富爸爸問。

「每個月的月初。」我說。

「支付完帳單後還有剩餘的錢嗎？」他問。

「非常少。」我回答。

「這就是他苦苦掙扎的主要原因。」富爸爸說：「他有一些壞習慣。他總是首先支付給其他人，最後才支付給自己，而且這還得看他有無剩餘的錢。」

「他也不希望這樣，」我說：「但他不得不按時支付帳單，不是嗎？你是說他不應該支付帳單嗎？」

「當然不是，」富爸爸說：「我堅持應該按時支付帳單。不同的是，我會安排好，並且首先支付給我自己。」

「但是，如果你沒有足夠的錢，」我問：「你會怎麼辦呢？」

「同樣的辦法，」富爸爸說：「我仍然首先支付給自己，即使我缺錢。因為對我個人來說，我的資產項目比政府重要得多。」

「可是，」我說：「他們不會來找你的麻煩嗎？」

「會的，如果你不支付的話。」富爸爸說：「但是，我並沒有說不付啊！我只是說首先把錢支付給我自己，即便是我缺錢。」

「但是，」我又問：「你是怎樣做的呢？」

「不是怎樣，而是『為什麼』？」富爸爸說。

「那好，為什麼？」

「動力，孩子，這完全是一個動力問題。」富爸爸說：「如果我不支付給我自己，或者不支付給我的貸款人，你認為誰抱怨的聲音會更大些？」

「當然是你的貸款人會比你叫得更大聲。」一個顯而易見的回答，「如果你不支付給自己，我想你什麼也不會說。」

「所以你看，在我把僅有的錢先支付給自己後，要支付稅款和其他貸款人的壓力就會變得非常大，迫使我去尋求其他形式的收入，支付的壓力成為我的動力。我會做額外的工作，開其他的公司，在股票市場上多買賣幾支股票，以及去做任何可以使那些人不再向我叫喊的事。壓力迫使我努力工作，迫使我去思考，最重要的是迫使我在錢的問題上更精明、更積極主動。然而，如果我像你爸爸一樣最後支付給自己，我就不會感到任何壓力，但我一定會因此而破產。」

「你是說，因為你欠了政府機構或其他人的債，所以你對他們的擔心反而激勵了你？」

「對，」富爸爸說：「你看，政府徵稅者和其他收帳者一樣需要面對，大部分人會向這種威勢屈服，於是他們先支付這些帳單卻不支付給自己。你聽說過瘦弱的人被欺負的故事吧？」

我點了點頭。

「好的，大部分人讓那些收帳的人把沙子踢到他們臉上，而我決定利用對這種人的恐懼來使我變得更加強壯，因為這樣做會使其他人變得更加虛弱。我迫使自己考慮如何賺到額外的錢，就好比去健身房做負重練習，思想上的『金錢肌肉』越發達就越強壯。現在，我不再害怕這些人了。」

我喜歡富爸爸說的話。「所以，如果我也學會先支付自己，就會在財務上更強壯；或者應該是說，在精神上和財務上都更加強壯。」

富爸爸點了點頭。

「而如果我像我爸爸那樣最後才支付給自己，或根本就不支付，就會變得更加虛弱，一生都會圍著老闆、經理、稅務官員、催帳人員及地主們轉，只因為我沒有良好的財務習慣。」

富爸爸點頭稱是，「就像體質虛弱的人一樣。」

原因五：傲慢，是無知的另一面

「我的知識給我帶來金錢，我不知道的東西使我失去金錢。每次當我開始自大時，我真的會相信那些我不知道的東西並不重要。」富爸爸經常這樣告訴我。

我發現許多人試圖用傲慢來掩飾自己的無知，甚至當我和會計或其他投資人討論財務報告時，這種事情也經常發生。

他們試圖用自吹自擂來贏得爭論，而我很清楚，這是因為他們不懂自己在談論什麼。他們並沒有撒謊，只是沒有談出真相。

在資金、金融和投資領域，有許多人完全不知道自己在談論什麼。尤其是從事財經的人員越是喜歡滔滔不絕地說著，但其實他們並沒有什麼料。

如果你知道自己在某一問題上欠缺知識，不要試圖掩飾，因為那是在欺騙自己。你應該去找一位這一領域的專家，或者找一本有關這一問題的書，馬上開始教育自己。

採取行動

Rich Dad Poor Dad

好機會無所不在，但可惜大多數人看不到。我希望我可以說，獲得財富對我來說很容易，但是事實並非如此。

所以，當我被問到「應該怎樣開始」這一類的問題時，我就提供自己日常的思維方式。我敢保證找到生意機會的確很容易，這就像騎自行車，剛開始還搖搖晃晃，但很快就可駕馭自如了。關於金錢的問題也是一樣，最初的難關得由你自己去度過。

但是要找到一件數百萬美元的「關係一生的機會」，就需要喚醒我們自己的財務天賦了。我相信，每個人都擁有內在的理財天賦，問題是這種理財天賦一直處於休眠狀態。之所以會處於休眠狀態，是因為我們的文化把金錢欲求視為萬惡之源，並把這種觀念灌輸給我們。這種觀念促使我們學習某種技能，為金錢而工作，卻沒能教給我們如何讓金錢來為我們而工作。

我們被告知不必擔憂將來的財務狀況，因為一旦退休了，公司或者政府會照顧我們。然而，在同樣的學校體制下受教育的下一代，將來卻有可能不再向公司和政府支付提供這種照顧所需要的錢。但現有的資訊仍告訴我們努力工作，賺錢維生，缺錢時總能借到錢。

不幸的是，九〇%的西方人認同這種教條，就是因為他們相信找一份工作並為錢工作要更容易一些。如果你不願屬於那九〇%，我建議你採取十個步驟來喚醒你的理財天賦。如果你不想遵循，那就按你自己的方式來做，你的理財天賦足以讓你無師自通。

在祕魯，我問一位工作了四十五年的金礦工人，為什麼他對找到新金礦充滿信心。他回答：「金礦到處都是，但大部分的人都沒有經過相應的培訓來發現金礦。」

我認為這話是正確的。如房地產，我出去跑一天就能發現四、五件潛在的大生意，而一般人即使只是在同一鄰近地區，也往往空手而歸。那是為什麼呢？因為他們沒有花時間來開發自己的理財天賦。

我建議你採取以下十個步驟來開發上帝賜予你的才能，而這種才能只有你可以控制：

1. 我需要一個超現實的理由：精神的力量。

如果你問別人是否願意致富或者獲得財務上的自由，大部人會說「願意」。可是一想到現實，前進的道路似乎就變得漫長而崎嶇；相比之下，為了錢工作，把剩餘的錢託付給經紀人看管似乎要更容易一些。

我曾經遇到一位夢想參加美國奧林匹克游泳隊的女運動員。為此，她不得不每天早上四點起床，游泳三個小時，然後去上學。週末也不和朋友狂歡，而且她還必須拿出時間複習功課以保持學習進度。

當我問是什麼力量驅使她以超人的雄心和犧牲精神這麼做時，她只是說：「我是為了自己以及我所愛的人們，是愛的力量使我犧牲精神去克服重重困難。」

這一原因或目的是「想要」和「不想要」的結合體。當人們問我想要致富的原因是什麼，我就說這是感情上「想要」和「不想要」的結合。

我可以列舉一些首先是「不想要」而由此產生了「想要」的例子。我不想一生都工作；我不想要父母渴望的那些東西，如工作穩定、擁有一間郊區房子；我不想靠打工維生；我討厭父親因為忙於工作而總是錯過我的足球比賽；我討厭父親終生努力工作，卻在他去世時還有未付的帳單。富人不會那樣做，他們會努力工作，然後將工作成果交給後人。

其次是「想要」。我想自由自在地周遊世界；我想以自己喜歡的方式生活；我想在年輕的時候就能做到這些；我想自由自在地支配自己的時間和生活；我想要金錢為我工作。

這些就是我發自內心深處的精神動力。你是什麼樣的人呢？如果你不夠堅強，前行道路上的嚴酷現實就會迫使你退縮。我曾失敗過許多次，但每次都是這種深層的精神動力使我爬起來繼續前進。我想在四十歲時就能達到財務上的自由，但是一直到四十七歲，在我經歷了許多學習和磨練後才真正實現了目標。

當我談及這一點時，我希望我能說它是簡單的，但這真的不容易，可是並非很難做到。我的建議是，給自己一個強大的理由或目標。若非如此，你在生活中會感到舉步維艱。

2.每天做出自己的選擇：選擇的力量。

這是人們希望生活在一個自由國度的主要原因，我們需要有做出選擇的權力。

從財務上來說，每賺到一美元，就得到了一次選擇自己的將來是富裕、貧窮還是一般的機會。用錢的習慣反映了我們是什麼類型的人，有的人之所以貧窮，是因為他們有著不良的用錢習慣。

作為孩子的好處就是，可以一直玩「大富翁」遊戲。但是因為沒有誰跟我說過「大富翁」只有孩子才能玩，所以成年後我仍然愛玩這個遊戲。富爸爸曾經透過遊戲為我指出資產和負債之間的差別，所以當我還是小孩子時，我就選擇要成為遊戲中的富人，而且我知道自己要做的就是學會像遊戲中那樣不斷地進行投資，獲取更多資產，真正的資產。我最好的朋友邁克接管了他父親的事業，但他仍要學會管理資產。許多富裕家庭之所以「富不過三代」，就是因為沒有培養出內行的人來管理他們的資產。

大部分人不會選擇成為富人，對於九〇%的人來說，成為富人會有「太多煩擾」，所以他們就說：「我對金錢不感興趣」、「我不想成為富人」、「我不用擔心，我還年輕」、「等我開始賺錢時，再考慮將來」，或者「我的錢都交給另一半去管」等。這些說法存在著一個共同的問題，就是阻礙人們選擇去思考這樣兩件事情：第一是時間，這是你最珍貴的資產；第二則是學習，因為你沒有錢，就更要去學習。事實上我們每天都應該進行一個選擇：如何利用自己的時間、自己的金錢，以及頭腦裡學到的東西，並實現我們的目標，這就是選擇的力量。我們都有機會，我選擇要做一個富人，而且我每天都在為我的選擇而努力。

首先投資教育。實際上，當你還是窮人時，你所擁有的唯一真正的資產就是你的頭腦，這是我們所控制的最強大的工具。就像選擇的力量那樣，當我們逐漸長大時，每個人都要選擇對自己的大腦裡注入些什麼樣的知識。你可以整天看電視，也可以閱讀高爾夫球雜誌、上陶藝班或者上財務計畫培訓班，你可以進行選擇。在投資方面，大部分人選擇直接投資某個標的，而不是首先投資學習自己所要投資標的的有關知識。

一位朋友的公寓最近遭竊了，小偷偷走了她的家電，只留下一堆書給她。我們大概也會做出類似的選擇，九〇%的人會購買電視機，只有大約一〇%的人才會購買商業及投資方面的書籍或錄音帶。

那麼，我是怎麼做的呢？我去參加研討會。我喜歡那種至少兩天的研討會，因為這樣就能靜下心來研究某一個主題。一九七三年，我在電視上看到有人廣告，舉辦一個三天的課程，討論如何在不支付任何頭期款的情況下購買房地產。參加這個課程只花了我三百八十五美元，卻幫助我賺回至少兩百萬美元。更重要的是，它為我創造了新生活，正是由於這一課程，我在以後的歲月不必再為了生計而辛苦工作。我每年至少會參加兩次這樣的培訓。

我喜歡CD和有聲書，原因是可以重複播放。我曾經聽過我完全不同意的一段話。但是，我並沒有因此而狂妄自大，而是按「重複」鍵把這一段五分鐘的話聽了至少二十遍，也許更多遍。忽然之間，我打開了自己的思路，懂得那些話的道理。這簡直就像魔術一樣，我感到如同打開了一扇通向我們這個時代最偉大的投資家之一的思想之窗。由此我得以深入認識和理解他那博大精深的學識和經驗，從中得到巨大的利益。

最直接的結果是：我仍然保留自己過去思考問題的習慣方式，同時又學到其他分析同一問題或形勢的思考方式。我擁有了兩種思路，能夠透過不同的思路來分析某個問題或趨勢，這是有錢也買不到的。今天我常常會問自己：「這件事彼得・林區會怎樣做？或者唐納・川普、華倫・巴菲特、喬治・索羅斯會怎麼做？」我得以進入他們思想的唯一途徑是，非常謙虛地閱讀或傾聽他們說過的那些話。傲慢自大或吹毛求疵的人，往往是缺乏自信而不敢冒風險的人。如果你想學習某些新東西，就需要犯些錯誤，只有這樣才能充分理解你所學習的知識。

如果你能讀到這裡，相信你不存在傲慢自大的問題，因為傲慢的人很少讀書或買錄音帶。為什麼？因為他們自以為是宇宙的中心。

當某種新思想否定舊有的思維方式時，許多「聰明」人會本能地為自己辯護。在這種情況下，所謂的「聰明」和「傲慢」合在一起就等同於「無知」。我們之中有許多人受過高等教育，相信他們也很聰明，但是他們的資產負債表卻一塌糊塗。一個真正聰明的人樂於接受新思想，因為新思想能夠不斷累積充實思想庫中的內容。聽比說更重要，否則，上帝就不會給我們安排兩隻耳朵，卻只安排一張嘴巴了。有太多的人很會說，卻從未認真傾聽去思考，這樣就等於放棄了吸收更多新思想和可能性的機會。他們愛爭論問題，卻不是提出問題，也不傾聽別人的見解。

我願意以長遠的眼光來看待我的財富，我不相信那些買彩券或賭博而「快速致富」的觀念。我可能會做短期股票買賣，但長遠來說我更重視教育。如果你想駕駛飛機，我建議你先去聽有關飛行原理的課程，而不是直接坐進駕駛艙。有的人投資股票或房地產，卻從不投資他們最重要的資產「頭腦」，對此我常常感到震驚。因為，你買一、兩間房地產，並不會讓你成為房地產方面的專家。

3.慎重地選擇朋友：關係的力量。

首先，我不會把財務狀況作為挑選朋友的標準。我既有窮困潦倒的朋友，也有家財萬貫的朋友，因為我相信「三人行，必有我師」的道理，而我也願意向他們學習。

但我必須要承認的是，我確實會特意交幾個有錢的朋友，但目標不是他們擁有的錢財，而是他們的致富知識。在很多情況下，這些有錢人會成為我的好朋友，當然，也不盡然。

我想，窮朋友和富朋友都同樣是我的老師。我會注意我的有錢朋友如何談論金錢（我不是指財富），他們對這個話題感興趣。透過交談，我向他們學習，他們也向我學習。我的另一些朋友經濟上很困難，他們不愛談論金錢、商務或投資，常常認為這很粗俗或不明智。但我也能從他們那裡學到許多別的知識，可以從中懂得什麼東西不可以去做。

我有幾個朋友在短時間裡創造了數十億美元的財富，他們中間有三位和我談到過同樣的現象：那些沒錢的朋友從不向他們請教是怎樣賺到錢的，可是往往會要求一種或兩種東西：一是貸款，二是工作。

注意：不要聽膽小者說的話。我有這樣的朋友，我非常喜歡他們，但他們過的是「小雞」式的生活。一旦涉及到金錢，特別是投資時，「天就要塌下來了」，他們總是會告訴你一件事為什麼不行。問題是如果人們聽了他們的話，盲目接受這種杞人憂天的資訊，最後也會成為「小雞」式的人物。就像一句古老的諺語所說的：「物以類聚。」

哥倫比亞廣播公司有很多有關投資資訊的節目，如果你看過他們的節目，通常會見到一幫所謂的「專家」在爭吵。一位專家會說市場正在走向衰退，另一位則聲稱市場正在趨於繁榮。如果你很精明，兩方的話都要聽，保持一種開放的心態，因為兩種說法都有合理的地方。不幸的是，大部分窮人都只聽從「小雞」式的觀點。

許多親密朋友試圖勸我不要進行某一項交易或投資。幾年前，一位朋友告訴我，他非常高興，因為他發現了一份利率為六％的定存單。我告訴他，我從州政府獲得的投資回報是十六％。第二天，他送給我一篇文章說明我的投資是危險的。而現在這麼多年過去了，我一直獲取每年十六％的投資回報，他卻依然只能得到六％。

我想說，在累積財富的過程中，最困難的莫過於堅持自己的選擇，而不盲目從眾。因為在競爭激烈的市場上，群體有時意味著反應遲鈍而被「宰割」。如果一項大交易被列在理財投資雜誌的第一頁，在多數情況下，看到資訊再去交易恐怕為時已晚，這時你應該去尋找新機會了。就像我們通常說的：「還會有另一波。」人們總是匆匆忙忙去趕已經過去的那一波趨勢，往往又會被新的一波淘汰出局。

精明投資人不會抱怨市場時機不對，如果錯過了這一波，就會去尋找下一個機會，並且找到自己的位置。對大多數投資人來說，做到這一點之所以非常困難，是因為一旦他們買入的東西不那麼流行，就會感到害怕。膽小的投資人總是亦步亦趨地跟在眾人後面，當欲望終於驅使他們冒險投資時，精明的投資人卻早已獲利了結了。明智的投資人往往購買一項不太流行的投資，懂得在購買時就已經獲利，而不是在出售時獲利，他們會耐心等待時機以實現投資增值。正如我所說，他們不計較市場時機，就像一位衝浪者，時刻等待著下一波大浪來將他們高高推起。

到處都有「內線交易」。有些形式的內線交易是非法的，而有些形式的內線交易是合法的。但不管怎樣，它們都屬於內線交易。唯一的區別在於你離內幕到底有多近。你可以有接近內幕的有錢朋友，因為錢就是由「內幕資訊」賺來的，這樣就能在繁榮之前買進，在危機之前賣出。在此強調，我並不是說去做非法的事，不過資訊得到得越早，獲利機會就越大，風險就會越小，這就是朋友的作用，也是一種財務智商。

4. 掌握一種模式，然後再學習一種新模式：快速學習的力量。

麵包師傅做麵包要遵循某種配方，即使配方只是記在腦子裡。賺錢也是一樣的道理。

我們大都聽說過這樣一句諺語：「吃什麼，像什麼。」我有一句意義相近但說法不同的話：「你學習什麼，就會成為什麼樣的人。」也就是說，你得注意你所要學習的內容，因為你的精神力量非常強大，你學到了什麼，就會成為什麼樣的人。例如，你學習烹飪，你就會烹飪，然後就成為一名廚師。如果你不想再當廚師，就要學習其他東西。關於賺錢，大多數人一般只知道一個從學校學來的公式，就是為了金錢而工作。在我看來，這是在全世界占支配地位的一個公式：千百萬人每天起床，上班，賺錢，支付帳單，兌現票據，購買共同基金，然後再回去工作。這是一個很普遍、很基本的公式或方法。

如果你對自己所做工作感到厭倦，賺錢又不夠多，那麼很簡單，這正是你改變自己賺錢公式的時候了。多年前，當我二十六歲時，我參加了一個週末課程，內容是「如何購買法拍房地產」。在那裡我學到了一個公式並開始試著將我學到的規則付諸實施，而這一步正是許多人沒能做到的事情。為全錄公司工作的三年中，我用業餘時間學習並掌握了購買法拍案件的技巧，運用這個公式賺了數百萬美元。但是過了一段時間，這個公式變得不那麼好用了，因為開始有其他許多人也在這樣做。

因此，我又開始尋找其他公式。對於許多我參加過的短期培訓課程來說，或許我並沒有直接使用過所學到的資訊，但我還是從中學習到許多新東西。

我曾經參加過專門為衍生性金融工具交易商舉辦的輔導課程，也參加過為商品期權交易商舉辦的課程和為初學者所開的課。我還遠離自己的職業領域，與許多核子物理學和空間科學方面的學者一起討論問題。儘管我不會去搞核電廠或太空梭，但我從中瞭解到的新知識和新機會，卻使我的股票和房地產投資更加豐富並且從中獲利。

大部分的大專院校和社區大學都設有財務計畫和傳統投資方面的課程，這則是起步的好去處。

我總是在尋找賺錢更迅速的公式，這就是為什麼在條件差不多的情況下，我每天所賺的錢總是比許多人在一生當中所賺的錢還要多。

補充說一句，在今天這個快速變化的世界中，並不要求你去學太多的東西，因為當你學到時，往往已經過時了。問題在於你學得有多快，也就是我前面所說的要具備快速學習的能力，這種技能是無價之寶。如果你想賺到錢，尋找一條捷徑是非常關鍵的。為金錢工作是人類在穴居時代產生的一個公式，它早已過時了。

5.首先支付給自己：自律的力量。

如果說你不能控制自己，就別想著要致富。你可能想藉由加入海軍特種部隊或宗教團體來約束自己，但我相信這樣做對於投資、賺錢和花錢來說毫無意義。正是因為缺乏自律，大部分樂透得主贏得數百萬美元後很快就破產了。也正是由於缺乏自律，人們得到加薪後，立即出去購買新車或去乘船旅遊，其結果是生活比加薪前顯得更加窘迫。

很難說這十個步驟中哪一個最重要，但對於所有的步驟來說，第五個步驟是最難以掌握的，如果它不是你習慣做的事情。我要冒昧說一句：「缺乏自律」是區分富人、窮人和中產階級的首要因素。

簡單地說，那些不太自信、對財務壓力耐受度差的人，永遠不會成為富人。

正如我說過的那樣，我從富爸爸那裡學到了一條經驗：「生活推著你轉。」生活之所以推著你轉，不是因為驅使你的人很厲害，而是因為你個人缺乏自我控制和紀律性。缺乏毅力的人往往會成為自律性很強的人的犧牲品。

在我教授的企業家培訓課程中，我經常提醒人們，不要僅將自己的注意力集中於自己的產品、服務或生產設備，而是要集中於開發管理才能。開創你自己的事業所必備的三個重要管理技能是：

- **現金流量管理**
- **人事管理**
- **個人時間管理**

我想說，這三項管理技能不僅適用於企業，而且適用於任何事情。比如，你對自己日常生活的管理，或對家庭、企業、慈善組織、城市及國家等的管理。

自律精神可以增強上述的任何一項技能，我非常重視「先把錢支付給自己」這句話。

「先把錢支付給自己」（pay yourself first）這句話出自喬治．克拉森寫的《巴比倫最富有的人》（*The Richest Man in Babylon*）一書。這本書賣出了數百萬冊，數百萬人熟練地重複這句話，卻沒幾個人遵循這個建議。我說過，財務知識使人能夠讀懂數字，看懂數字背後的故事。透過一個人的損益表和資產負債表，我可以很容易看出一個人是否將嘴邊叨唸著的「先把錢支付給自己」這句話付諸了行動。

百聞不如一見。讓我們再來比較一下遵循「先把錢支付給自己」與遵循「先支付給別人」這兩種人的財務報表的區別。

研究一下下面兩頁的兩張圖表，看看你能不能找出一些區別。當然，你首先必須懂得現金流量的含義，它說明的是經濟內容。大部分人看著數字本身，卻忽略了數字所反映的經濟內容。如果你確實能夠開始懂得現金流的力量，就能很快發現第二張圖存在的問題了，也能明白為何九〇%以上的人一輩子辛勤工作，到了晚年無法繼續工作時，卻不得不依賴政府提供的支援，如社會保障等。

而第一張圖卻反映了「先把錢支付給自己」的典型行為方式，在支付每月支出之前，他們總是先將錢安排在自己的資產項目上。雖然數以百萬計的人們讀過克拉森的書，也理解他所說的「先把錢支付給自己」這句話的含義，但是在現實生活中，他們還是最後才支付給自己。

此刻，我能聽到那些並不相信應該「先把錢支付給自己」的人在嘲笑我，也可以聽到所有按時支付帳單「負責任的」人的笑聲。其實，我不是要人們不負責任、不付帳單，只是要像那本書中所說的那樣：「先把錢支付給自己」。

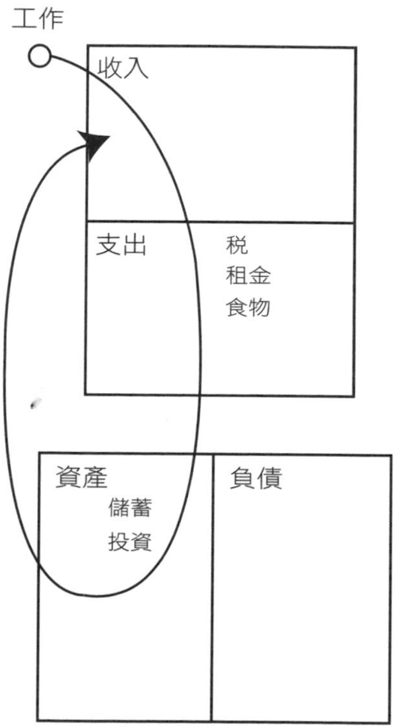

先把錢支付給自己。

這張圖就是這種正確做法在會計上的反映，左邊這張圖則不同。

許多簿記員、會計師和銀行家對我們看待「先把錢支付給自己」這句話的態度抱有很大的疑問。究其原因，實在是因為這些財務專家在實際生活中也同大多數人一樣，最後才支付給自己，他們首先把錢支付給其他人。

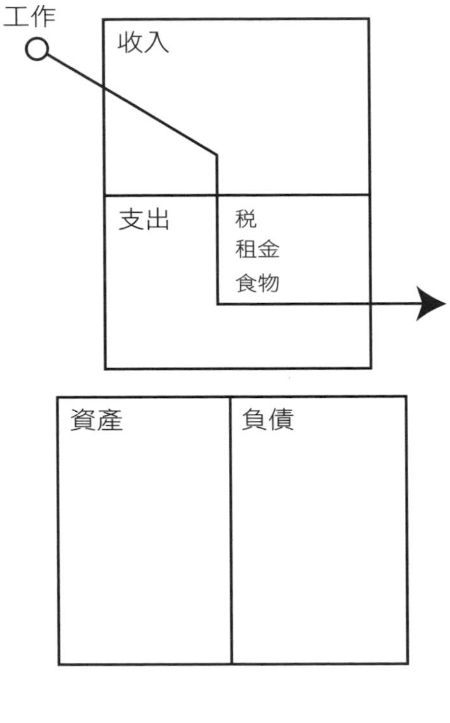

「先把錢支付給別人」的人常常一無所得。

在過去的生活當中曾有過數月，出於種種原因，我的現金流量遠低於應付帳單的額度，但我仍然先把錢支付給自己，先去滿足我個人資產欄下的需求。我的會計師和簿記員感到非常吃驚，「他們會找你討債，把你送進監獄」、「你這樣做是在毀掉自己的信用評等」、「他們會切斷電源」。我不為所動，繼續先把錢支付給自己。

你會問：「為什麼呢？」因為《巴比倫最富有的人》一書中所講的一切，自律的力量和內在堅毅的力量，用通俗一點的話說，就是「膽量」。在我為富爸爸工作的第一個月裡，他教我認識到大部分人是如何接受外界驅使的。一個討債人打電話來請你「支付」，你就把錢支付給他而不支付給自己。你的房地產代理人告訴你「接著做——政府會給你的房子稅收減免」，於是你就相信了他。這本書真正的目的是要告訴你：有膽量不隨波逐流才能致富。你可能不是一個軟弱的人，但是一旦涉及到金錢，許多人往往會怯懦起來。

我不是在提倡不負責任的做法，我沒有高額信用卡債務以及消費債務的原因，是我想把錢先支付給自己。我減少自己收入的原因，是我不想讓政府從中拿走太多，就像你們中的一些人看過的影片《富人的祕密》（The Secrets of the Rich）中反映的那樣，但我或許會透過一家內華達的企業從我的資產項目中來獲取收入。如果我為金錢而工作，政府就會拿走相當大的部分。

我最後才支付帳單，我卻能靠足夠的財務智商來度過財務難關。我不喜歡舉債消費，而我確實擁有比絕大多數人都要高的負債，只是我從不支付它們：自有其他人來為我支付，他們被稱為房客。因此，第一條法則「先把錢支付給自己」不會使你一下子陷入債務。我的確是最後才支付帳單，支付一些少量的、無足輕重的帳單。

其次，當我偶爾資金短缺時，我仍然先把錢支付給自己。我寧願讓債權人和政府高聲喊叫，他們越著急我越高興。為什麼？因為這些人在為我搖旗吶喊，他們在激勵我出去賺更多錢。因此我先把錢支付給自己，進行投資，然後讓債權人大喊大叫，但我都會清償債務，我和妻子都有著良好的信用，不會陷入債務危機，或靠動用儲蓄、賣出股票來支付消費債務，因為這樣做在財務上就太不明智了。所以，答案就是：

・不要揹上過多的債務包袱。要讓自己的支出保持在低水準。首先增加自己的資產，然後，再用自己資產中產生的現金流購買大房子或好車子。困在「老鼠賽跑」中不是明智的選擇。

・當你資金短缺時，去承受外在壓力而別動用你的儲蓄或投資，利用這種壓力來激發你的財務天賦，想出新辦法賺到更多錢，然後再支付帳單。這樣做不但能提高你賺錢的能力，還能提高你的財務智商。

我曾多次陷入財務困境中，但透過動腦筋想辦法，反而創造出更多的收入，堅定地維護資產的安全和完整。我的簿記員會不知所措，急忙還債，但我就像一位堅強的戰士堅守著城堡——我的資產堡壘。

窮人有不好的習慣，一個普遍的壞習慣是隨便「動用儲蓄」。富人知道儲蓄只能用於創造更多的錢，而不是用來支付帳單。

我知道這樣聽起來很刺耳，但是正如我說過的那樣，如果你意志不夠堅定，那麼無論如何，你只能讓世界推著你轉。

如果不喜歡財務壓力，就找一個適合你的公式，例如：減少支出，把錢存在銀行，支付超過正常水平的所得稅，購買安全的共同基金，按照一般人的做法行事。可是，這樣就違背了「先把錢支付給自己」的原則。

這一原則不鼓勵自我犧牲或財務緊縮，並不意味著先把錢支付給自己，然後挨餓。生活應當是快樂的，如果你喚醒自己的財務天賦，就有機會擁有很多人生中美好的東西：致富並不以犧牲舒適生活為代價去支付帳單。而這也是財務智商。

6.給你的經紀人優厚報酬：好建議的力量。

我經常看到人們在自己的房子前面插上一塊牌子：「屋主直接出售，仲介勿擾。」或者像今天我從電視中聽到的話：「經紀人的話要打折扣。」

我的富爸爸教我採取與這些人相反的做法。他堅持給予專業人士優厚的報酬，而我也採納了這一政策。今天，我雇有身價昂貴的律師、會計師、房地產經紀人以及股票經紀人。為什麼要這樣做呢？因為我認為，如果他們是專業人才，他們的服務就會為你創造財富，而且他們創造的財富越多，我賺到的錢也越多。

我們生活在資訊時代，資訊是無價的。一位好的經紀人應該為你提供資訊，同時還應花時間來教育你。我有幾位經紀人願意為我這樣做，有些人在我沒錢或錢很少的時候仍然願意教我，所以我今天也一直任用他們。

相較於利用經紀人提供資訊賺到的錢，我付給他們的費用只是一小部分。我樂意見到我的房地產經紀人或股票經紀人賺到很多的錢，因為這通常意味著我也賺到了很多錢。

一位好的經紀人不僅為我賺錢，還為我節省了時間。當我以九千美元購得一塊閒置地皮，然後立即轉手以二萬五千美元賣出的同時，我還能很快去買一輛保時捷。

經紀人是你在市場上的「眼睛」和「耳朵」，他們代替我整天密切關注市場，而我可以去打高爾夫球。

此外，直接出售自己房子的人也很難足額估計自己房產的價值，既然如此，為什麼不花一點小錢，用它來換回時間去賺更多的錢呢？我感到奇怪的是，許許多多的窮人和中產階級寧願為餐館糟糕的服務支付十五到二〇%的小費，卻抱怨支付給經紀人三到七％的佣金。他們在費用支出專案上慷慨地支付小費，卻在資產項目上極其吝嗇，這樣做在財務上顯然是不明智的。

但也必須指出的是：每個經紀人的能力是不一樣的，不幸的是，大部分經紀人僅僅是推銷員而已，尤其是某些房地產經紀人。他們賣房產，但自己卻只擁有極少的房地產，甚至根本就沒有房產。要知道，出售房子的經紀人與出售投資專案的經紀人有天壤之別，對那些自稱為財務規劃專家的股票經紀人、債券經紀人、共同基金經紀人和保險經紀人來說也是一樣。盲目使用不稱職的經紀人，就如同童話故事裡所講的那樣，你要吻許多隻青蛙來尋找一位王子。記住那句古老的格言：「如果你需要一本百科全書，千萬別找百科全書推銷員。」

當我和任何提供有償服務的專家見面時，首先要弄清楚他們個人到底擁有多少財產或股票，以及他們支付稅收的比例是多少，這種做法也適用於我的稅務師和會計師。我有一位會計師，十分關心自己的產業，她的職業是會計，可是她的產業是房地產。我也曾經雇用過一位小企業會計師，但他沒有房地產，最後我解雇了他，因為我們感興趣的領域不一樣。

要找一位真正關心你利益的經紀人。許多經紀人會花時間來教育你，他們可能是你找到的最好資產。你公平地對待他們，他們大多也會公平地對待你。如果你總是斟酌如何減少付給他們的佣金，他們憑什麼願意盡力為你的利益服務呢？這是很簡單的邏輯。

我曾經說過，人事管理是重要的管理技能之一。許多人只會管理沒有自己聰明或者能力沒有自己強的人。許多中層管理人員一直停留在中級管理層而得不到升職，就是因為他們只知道如何和職位低於自己的人一起工作，卻不善於和比自己職位高的人一起共事。真正的技能是能夠管理在某些技術領域比你更聰明的人，並給予優厚的報酬。這也是公司設立顧問委員會的原因，你應該有這種顧問，而這也是你的財務智商。

7.做一個「印第安給予者」：無私的力量。

第一批白人定居者抵達美洲時，對印第安人的文化習慣感到驚訝和不適應。例如，看到一個白人很冷時，印第安人會給那人一條毯子，但白人定居者誤以為這是一份禮物，因此當印第安人要回毯子時，他們感到十分不快。

印第安人也會感到失望，因為他們發現白人定居者無意歸還自己的毛毯。這就是「印第安給予者」一語的由來，代表一種簡單的文化誤解。

在「資產項目」領域，做一個「印第安給予者」對於取得財富來說十分重要。一位投資老手的首要問題是：「需要多快才能回收我的錢。」他們想確定自己的投資能得到的回報，這就是投資回報率為什麼重要的原因。

例如，我發現一處已沒收的抵押品就在我家附近幾個街區。銀行要價六萬美元，我出價五萬美元，他們接受了，原因僅僅是出價的條件之一是開出五萬美元的現金支票，他們意識到我是認真的。大部分投資人會說，你這不是凍結了一大筆現金嗎？申請一筆貸款不是更好嗎？答案是：有道理，但不適用於這一案例。我的投資公司讓這處資產在冬季作為度假出租屋，當那些「雪鳥」（指那些冬季到南方度假的北方人）來到亞利桑那州時，這間房子每年有四個月能以每月兩千五百美元的價格租出，淡季則以每月一千美元的價格出租。用了大約三年時間，我的本金就回收了。現在我依舊擁有這筆資產，而且它每個月都能給我創造現金流入。

在股票市場上我也這樣做。我的經紀人時常打電話給我，建議我動用一筆額度可觀的資金，購買他認為會有上漲行情的公司股票，譬如擁有某種新產品的公司股票。於是，我會在股票上漲前的一週到一個月期間將資金調入，獲利後就抽回投入的初始資金，不再擔心此後市場的波動，因為我投入的初始資金已經收回，又投資於其他資產了。我的資金透過投入又收回，使我擁有了一筆從技術上來說是無償取得的資產。

確實，在許多情況下我曾損失過資金，但我總是能負擔得起損失的資金。我想，在平均每十項投資中，我會有二到三項獲利，同時有五到六項不賺不賠，二到三項虧本的。但是我會將自己可能發生的損失，限制在當時我所擁有的資金範圍內。

討厭風險的人會把錢存在銀行裡。從長遠來看，有儲蓄總比沒有好。但是，這樣做需要花很長時間才能收回資金，而且在大部分情況下，天下沒有白吃的午餐。

在我的每一次投資中，必有一些投資是沒有什麼獲利的，譬如一項共同管轄權利、一間小型倉庫、一片土地、一棟房子、股票配額、辦公室等，這些專案的風險很低。其原因在一些書籍中專門講到，我就不在這裡多談了。這就像雷・克羅克以麥當勞而出名，他出讓漢堡特許經營權並不是因為他喜歡漢堡，而是因為他希望出讓特許經營權後，房地產能夠升值。

因此，明智的投資人必定不光看到投資回報率，而且還要看到收回投資。你因此擁有的資產就如同免費得到，這也是財務智商。

8.資產用來購買奢侈品：集中的力量。

一位朋友的孩子養成了亂花錢的壞毛病，剛滿十六歲就很自然想擁有自己的汽車，理由是：他所有的朋友都從父母那裡得到了汽車。兒子想動用他上大學的儲蓄作為頭期款買輛汽車，於是他父親從辦公室打來電話給我：「你認為我應該允許他這樣做嗎？或者我應該直接就給他買一輛汽車呢？」

對此我回答：「從短期來看，這樣做可能會減輕你的精神壓力，但從長遠來看，這樣做會教給他什麼呢？你能不能利用這種希望擁有一輛汽車的欲望，來激勵你兒子去學點東西呢？」我朋友心裡豁然開朗，趕忙回家去了。

兩個月後，我再次遇到這位朋友。「你兒子擁有了自己的汽車嗎？」我問。

「不，他沒有。但我給了他三千美元，告訴他可以使用我的錢，不能動用他上大學的錢。」

「啊，你很慷慨呀！」我說。

「也不是，這筆錢只是作為一個誘餌。我接受了你的建議，利用他這種想擁有一輛汽車的強烈願望，促使他能夠學到一些東西。」

「那麼，誘餌是什麼？」我問。

「首先，我們玩了一次你的『現金流』遊戲，然後就如何明智地使用金錢的問題進行了一次長談。之後我給了他一張《華爾街日報》訂閱單，以及一些關於股票市場的書籍。」

「接下來呢？」我問：「你的方法是什麼呢？」

「我告訴他這三千美元歸他所有了，但他不能直接用它來購買汽車，可以用這筆錢來買賣股票，也可以尋找他自己的股票經紀人。而一旦他把這三千美元增值到六千美元，就可以用賺到的三千美元去買汽車，而我當初給他的三千美元仍要用在他上大學的支出。」

「那麼，結果怎麼樣？」我問。

「一開始，他在交易中很幸運，但幾天之後就把賺到的錢全賠光了，接下來他真正開始感興趣了。今天，我想他可能已經損失了兩千美元，但他的興趣更大了，不僅讀完了我買給他的所有書籍，還到圖書館閱讀更多的書。他饑渴地閱讀《華爾街日報》，關注市場指標，看哥倫比亞廣播公司的節目，而不是從前愛看的音樂電視台。現在他只剩下一千美元了，但他的興趣和學習欲望更加強烈。他知道如果賠光了那筆錢，就不得不再多走路兩年，但他似乎並不在意這些了，甚至看起來對買車也不那麼感興趣了，因為他發現了一項更有趣的遊戲。」

「要是他賠光了所有的錢怎麼辦？」我問。

「如果碰到難關，那就得跨過去。我寧可他現在賠掉一切，而不是等到他像我們這樣的年齡時，再去冒險賠光一切。而且，我想這是我用在教育他的所有錢中效果最好的三千美元，從中學到的知識將使他受益終身。他還似乎對金錢的獲得和力量產生了新的尊重，我想他不會再漫不經心地花錢了。」

我在「先把錢支付給你自己」一節中說到，如果一個人沒有自律能力，最好別想著去致富。因為從理論上來講，一項資產產生現金流量的過程是容易的，但是擁有控制金錢的堅強意志卻是困難的。由於種種外在的誘惑，在今天的消費者世界裡，在支出專案上揮霍金錢更加容易。因為意志薄弱，金錢的流出簡直難以計算，這就是大多數人貧困和財務困窘的原因。

這裡有幾個關於財務ＩＱ的數個例子，在這些例子中，控制金錢的能力就是以錢生錢的能力。

假設我們在年初給一百個人每人一萬美元，到了年底應該會出現這樣的情況：

·有八十人會分文不剩。事實上，許多人可能會拿來支付頭期款購買一輛新車、一台電冰箱、電視機、錄影機或去度假，因而揹上很重的債務。

·有十六人會將這一萬美元增值五到十％。

·有四人會將這一萬美元增值到兩萬美元至數百萬美元。

我們上學去學習某種技能專長，這樣可以為金錢工作，但我的觀點是：「學會讓金錢為你工作」更加重要。

和其他人一樣，我也喜歡奢侈品，差別在於有些人貸款購買奢侈品，並掉入相互比較的陷阱。而當我想買一輛保時捷時，最簡單的方法可能也是讓我的銀行提供一筆貸款，但實際上我不會這麼做。我選擇的是，集中資源於資產欄，而不是負債欄。

作為一種習慣，我用自己消費的欲望來激發我的財務天賦去投資。

今天，我們常常是借錢來獲得我們想要的某種東西，而不是把注意力集中在為自己創造金錢上。這樣做在短期來看很容易，但長期卻會產生問題。不論是個人還是國家，這都是一種壞習慣。記住，最容易的道路往往會越走越艱難，而艱難的道路往往會越走越輕鬆。

你能越早訓練自己和自己所愛的人成為金錢的主人，結果就會越好。金錢是一種強而有力的力量，不幸的是，大多數人用金錢的力量來對付自己。也就是說，如果你的財務ＩＱ很低，金錢就會比你更精明，會從你身上溜走。如果你沒有比金錢精明，就將得為它工作一生。

要成為金錢的主人，你需要比金錢更精明，然後，金錢才能按你的要求辦事，服從你，這樣你就成了金錢的主人，而不是它的奴隸。這就是財務IQ。

9. 對英雄的崇拜：神話的力量

少年時的我，非常崇拜威利．梅斯、漢克．阿倫、優吉．貝拉，他們是我心目中的英雄，我希望自己能像他們那樣。我珍藏著他們的球員卡，知道與他們有關的數據，知道他們的打點、防禦率、打擊率，還有他們的薪資，以及他們是怎樣在少棒聯賽上嶄露頭角的。

九到十歲的時候，每次當我上場打球擔任一壘手或補手時，我便不再是我自己，而是成了約吉或者漢克，這是我學到最有力量的方法之一。但當我們長大成人後，卻失去這種能力，失去了心目中的英雄，失去了過去的天真。

今天，我看到年輕小伙子在我家附近打籃球。在庭院裡，他們不再是小強尼，而是麥可．喬丹、俠客．歐尼爾。模仿或超越大英雄確實是一條很好的學習途徑。

隨著年齡增長，我心中又有了新的英雄，如高爾夫球英雄彼得．賈克森、弗雷德・坎普雷斯和老虎・伍茲。我模仿他們的動作，竭盡全力去搜集與他們有關的資料。我還崇拜像唐納・川普、華倫・巴菲特，彼得・林區、喬治・索羅斯和吉姆・羅傑斯這樣的投資家。現在我年紀大了，但我還像小時候記得防禦率或打點的棒球明星那樣瞭解這些新英雄的情況。我跟隨華倫・巴菲特的選擇進行投資，還閱讀有關他對市場的所有看法；我閱讀彼得・林區的書，弄懂他怎樣選擇股票；我還閱讀了有關唐納・川普的書，試圖發現他進行談判和撮合交易的技巧。

就像在棒球場上一樣，我不再是我自己。在市場上或進行交易談判時，我下意識地模仿川普的那種氣勢；當分析某種趨勢時，我學著像彼得・林區那樣思考，透過偶像的模範作用，我們發揮出自身巨大的潛能。

英雄人物不僅僅激勵我們，還會使難題看起來容易一些。正因為如此，英雄人物激發我們努力做得像他們一樣，「如果他們能，那我也能」。

在投資問題上，許許多多人總覺得十分困難，而瞭解和學習英雄卻會使這些事情看起來容易一些。

10 先付出後接受：給予的力量。

我的兩個爸爸都是教師。富爸爸教給了我一生受用的經驗，那就是樂善好施的必要性。受到良好教育的爸爸花了很長時間廣泛傳授知識，卻幾乎沒有施捨錢財。他常常說只要有額外的錢，就會施捨給別人，可是，他很少會有多餘的錢。

富爸爸既提供金錢也提供教育，他堅信應對社會有所貢獻。「如果你想獲得，首先必須給予。」他總是這樣說，即使當他缺錢時，他仍繼續向教堂或他支援的慈善機構捐錢。

如果我能給你提供一種思路，那就是當你感到手頭「短缺」或「需要」什麼時，首先要想到給予。只有先「付出」，才會在將來「接受」回報，無論金錢、微笑、愛情還是友誼，都是這樣。我知道人們常常會把這件事放在最後，但事實證明這樣做對我有很大裨益的。我相信互利互惠的原則是正確的，我為自己想要的東西付出成本。我需要金錢，所以給予別人金錢，然後又成倍地收回這些金錢；我想做銷售，所以幫助其他人出售東西，這樣我也能做銷售了；我需要訂立合約做生意，所以會盡自己所能去幫助其他人得到合約，就像魔術一樣，我需要的合約也來到了我手中。多年前我曾聽到一句諺語說：「上帝不需要得到什麼，可是人類卻必須付出什麼」。

我的富爸爸常常說：「窮人比富人更貪婪。」他解釋說，如果一個人很富有，這個人就能提供其他人想要的東西。截至今天，每當我覺得自己需要什麼，或者缺錢，或者缺少幫助時，我就去想一想，自己心裡到底需要什麼，然後為此付出。一旦我為此而付出，總是能得到回報。

這使我想起了一個故事，說的是一位抱著木柴的人坐在寒冷的夜裡，對著因缺柴而熄滅的大火爐叫：「你什麼時候給我溫暖，我才會給你添加木柴。」同樣的道理，不管金錢、愛情、幸福、銷售以及合約等等，都是一樣的。人們都應記住必須為自己需要的東西先行付出，然後才能得到加倍回報。常常是在思索我需要什麼東西的過程中，以及思索我能為自己需要的東西而付給別人什麼的過程中，我會突然變得非常慷慨好施。每當我感到人們不對著我微笑時，我就開始笑著對人問好，然後，非常神奇地，似乎我周圍突然多出了許多微笑的人。的確，你的世界是你的一面鏡子。

因此最後我要說：「先付出而後接受。」我發現，越是真誠地教那些想學習的人，從中學到的就更多。如果你想學習有關金錢的知識，就要先告訴別人你的看法，然後，新的思想和好的靈感就會如同山洪爆發，噴湧而出。

也有許多次雖然我付出了，卻沒有任何回報，或者得到的並非我想要的東西，但平心而論，我的大多數付出都取得很好的回報。

我爸爸培養老師，最終成為一名資深教師並受到大家的尊敬。同樣地，富爸爸總是把自己從事商務的經驗和知識教給年輕人，回想起來，當他將那些自己懂得的知識十分慷慨地傳授給別人時，他變得更加聰明。在這個世界上，有許多力量比我們擁有的能力更強，你也許可以憑自己的努力獲得成功，但是如果有了這種力量的幫助，你就更容易成功或者取得更偉大的成功。你應當做的是：對自己擁有的東西慷慨一些。反過來，你也一定會得到慷慨的回報。

想瞭解更多嗎？
你還可以做這些

Rich Dad Poor Dad

許多人可能並不滿足於我說的這十個步驟，他們更多時候把這些步驟看成是一種思想，而不是行動。而我認為，理解這一思想的過程本身就是一種行動。有許多人願意去做而不願意思考，也有許多人願意思考而不願意去做，我卻覺得自己既願意思考也願意去做。我喜歡新思想，也樂於付諸行動。

因此，對於那些想「去做」的人來說，如何開始呢？在此，我想簡要地介紹我是怎樣做的，以供大家參考。

1.停下你手頭的工作。

換句話說，就是先停下來，評估一下你正在做的事中什麼是有效的，什麼是無效的。神智不清就是指，做同一件事情卻希望有不同的結果。不要做那些無效的事情，找一些「有效」的事情來做。

2.尋找新的思想。

我經常到書店尋找獨特的、與眾不同的主張，從中獲得新的投資理念，我把它們稱為模式。我買這種介紹各種「模式」的書籍，這些模式是我所不曾知道的。

例如，在書店，我找到了喬爾·莫斯科維茲的《獲利率達到十六%的方法》（*The 16*

Percent Solution），買下這本書並一口氣讀完了它。在接下來的星期四，我開始完全按照書上說的話一步一步地行動，去律師的辦公室和銀行尋找房地產廉價交易的機會。大部分人並不採取行動，或者被別人說服，而不去應用所學到的任何新模式。我的鄰居就曾經對我說，十六%收益率是不可能實現的，但我沒有聽他的，因為他從來沒有嘗試過。

3.找一個做過「你想做的事情」的人，請他和你一起共進午餐，向他請教一些訣竅和一些做生意的技巧。

就拿十六%的稅收留置證券來說吧，我到稅務辦公室和一位政府雇員見面，發現她也在做稅收留置證券投資，於是立即邀請她共進午餐，她也很興奮地告訴我她所知道的一切有關這種投資的做法。甚至在吃過午飯後，她又用了整整一個下午來向我說明全部的過程。到了第二天，我就在她的幫忙下，找到了兩筆大買賣，從此我就能獲得每年十六%的利息。我花了一天時間來讀有關的書籍，用一天來採取行動，用一個小時來吃午飯，又用一天時間找到了兩筆大買賣。

4.參加相關課程。

我在報紙和網路上尋找感興趣的新的課程資訊，有許多是免費或只收一小筆費用。我也參加一些費用昂貴的課程，因為這些課程所討論的內容正是我急於想學習的。就是因為學習了這些課程，我才比較富有，不用出去辛苦勞作。我有許多朋友從不參加這種課程，他們說我是在浪費錢財，然而他們如今一直在做著同樣的工作。

5.提出多份報價。

如果我需要一處房地產，我會選看多處房產並給出一個一般性報價。如果你不知道什麼是正確報價——其實我也不知道——就由房地產仲介來提出報價。

一位朋友希望我告訴她如何購買公寓。有個星期六，她與她的仲介，和我一起去看了六處公寓。其中四處不太好，另外兩處較好。我提議對六處都發出一份報價，價格為賣主出價的一半。她和她的仲介非常吃驚，認為這樣做未免太過分了，恐怕會冒犯這些賣主。但是我覺得，這只是仲介不願意費力工作的一個藉口而已。

後來他們一個報價也沒做，而那個朋友仍然在尋找一筆價格「恰當」的交易。其實，你根本就不知道什麼價格才是「恰當」的價格，除非有另一處同樣的交易作為參照。大部分賣主的要價過高，很少有賣主的要價低於標的物實際價值的。

這個故事的主題是：多提出幾份報價。沒做過賣主的人，體會不到試圖賣出東西的感覺。我有一處房地產，想在數月之內賣掉它，當時我願意接受任何出價，不會在意價格有多低，即使他們只出價十頭豬，我也會感到高興。報價本身並不重要，關鍵是有人報價就說明有人感興趣。也許我會反建議以一家養豬場作為交換，不要感到可笑，遊戲就是這樣運作的。記住，買賣就是一場遊戲，而且還很有趣。只要報價提出來，就會有某個人說：「同意。」

我還經常使用「迴避條款」來報價。如在房地產交易協定上，我會加上「需得到我的商業夥伴同意」。我從不指明我的商業夥伴到底是誰，大部分人都不知道我的商業夥伴其實就是我的小貓。如果他們接受我的報價，而我又不想成交，我就打電話給家裡的小貓。我講這個荒唐故事就是為了說明，這種買賣遊戲簡單得讓人難以置信。所以，我覺得許多人態度太嚴肅，反而把事情弄得太複雜。

尋找一樁好的生意、一家好的企業、一個合適的人、一位合適的投資人、或任何類似的東西，就如同約會一樣。你必須到市場上和許多人交談，進行許多報價、還價、談判、拒絕或者接受。我知道有人寧可在家裡坐等電話鈴響，但你最好還是到市場上，即使只是一家超級市場也罷。從尋找、報價、拒絕、談判到接受、成交，幾乎是人的一生中要經歷的全部過程。

6.每月在某一地區慢跑、散步或駕車十來分鐘，我就會發現最好的房地產投資機會。

一年來，我常常在鄰近地區慢跑，為的是發現某些變化。一樁交易要獲利，必須具備兩個條件：一是廉價，二是有變化。市場上有許多廉價交易，但只有存在變化時，才能使廉價交易變成有利可圖的機會。因此，當我慢跑的時候，我就往有投資可能的地點附近慢跑。透過反覆觀察，我就能注意到一些細微的差異。我會注意到懸掛了很長時間的房屋出售招牌，那意謂著賣主急於成交。觀察到行駛中的卡車進進出出，我會停下來和司機交談。我還和郵政貨車司機談話，從這些人口中可以得到有關某一地區詳細得令人吃驚的資訊。

我找到一個很差的地區，是那種人人唯恐避之不及的地區。我在一年的時間裡不時開車經過這個區域，等待市場好轉的跡象出現。我和附近商店的老闆交談，弄清楚新戶遷入的原因。這樣做只需要花很少時間，同時我還能做其他的事情，比如鍛鍊身體，或去商店走走看看等。

7.透過議價購買。

為什麼消費者總是窮人？每當超市有打折時，例如衛生用品打折，消費者就會湧入超市，搶購回家貯存起來。而當股票市場上出現「降價銷售」時，也就是大多數人所說的股市下挫或回調時，購買者卻急於從中逃出。當超市漲價時，人們轉而到其他地方購物，相反，當房市或股市上升時，購買者卻趨之若鶩加入搶購。永遠記得，利潤在買入的時候就決定了，而非賣出。

8.用對方法。

一位鄰居以十萬美元購買了一項共同管轄權利，我則以五萬美元購買了與之相鄰的同樣權利。他告訴我他正在等著價格上漲。我對他說你的獲利率在你購買時就確定了，而不是在你售出時確定的。他是透過一位房地產經紀人來購買的，這位經紀人並未擁有屬於他自己的房產。而我是在一家銀行的破產清償部購買的。我支付五百美元上課，這門課專門講如何做這種交易的。

9. 先找買家，再找賣家。

一位朋友想買一片地產，他有錢，但是沒時間去找。我發現了一處地產，比我朋友想要的面積要大一些。我問朋友要不要，他表示願意要其中的一片，於是我把那一片出售給他，然後用很少的錢買下剩餘土地，我把剩下的土地持有在手上做一種收益。這個故事的實質是：買一塊大餅並把它切成小塊。大部分人尋找的是自己能夠支付的東西，這樣他們看到的都是較小的東西。他們只購買一小塊餅，卻因此付出更多。只盯著小生意的人是不會有大突破的。如果你想致富，就要先考慮較大的生意。

10. 零售商喜歡提供數量折扣。

這就是因為大部分商人喜歡大量採購的客戶。所以即使你的投資規模很小，你也可以多考慮大生意。當我的公司想在市場上購買電腦時，我就通知幾位朋友，如果他們也準備買電腦，我們可以一起買。接著我們到不同的零售商那裡磋商這筆大買賣，因為我們需要那麼多的電腦，就可以選擇最適宜的價格。我也用同樣的方式做股票。小規模投資人擅於小規模動作，因為他們思考的數量很小。他們有些靠自己，有些根本做都不做。

11. 溫故而知新。

所有上市的大公司都是從小公司起家的。桑德斯上校直到六十多歲失去了所有財產之後才致富，比爾．蓋茲在三十歲以前就成為世界上最富有的人之一。這些都是我們可以學習研究的案例。

12. 行動者總會擊敗不行動者。

以上只是我過去曾經做過的事情中的一小部分，我將繼續做下去。最重要的是「做過」和「去做」。在這本書裡我曾多次重複說過，獲得財務回報以前就必須採取行動。那麼，現在就行動吧！

後記

本書寫作即將完成付印之際，我想再跟讀者分享一種想法。

我寫這本書的原因，也是這本書從二〇〇〇年至今仍躋身暢銷書的主要原因，是為了和讀者分享自己對於「財務智商」的一些領悟。在我看來，提高財務智商可以用來解決生活中的一些基本問題。如果沒有受過財務訓練，我們往往都會選擇標準的模式度過一生，例如：辛苦工作、儲蓄、借款，然後支付很多的稅款和帳單，然而今天我們需要更好的資訊。

對於今天許多年輕家庭面臨的財政問題，我想舉最後一個例子來加以說明。你怎樣才能支付得起，使自己的孩子受到良好的教育和自己退休後舒適地生活的費用？這個例子是用來說明怎樣運用財務智商，而不是憑藉辛苦工作來達到同樣目標。

我的一位朋友感到很擔心，因為存錢供四個孩子上大學非常艱難。他每月用三百美元投資共同基金，從而累積了一萬二千美元。但他需要四十萬美元才足以供四個孩子上完大學。他要在十二年的時間裡存夠這筆錢，因為他最大的孩子已經六歲了。

當年，鳳凰城的房地產市場一片蕭條，人們紛紛拋售房產。我建議這位朋友拿出投資在共同基金裡的一部分資金來購買一處房產，這個主意打動了他，於是我們開始討論可行性。他擔心的主要問題是，銀行不會提供他用於買入另一幢房子的貸款，因為他貸的額度太大了。我向他保證，除了銀行外，還有為財產買賣進行融資的其他途徑。

我們花了兩週時間找到一處房子，這處房子符合我們的所有要求。因為有許多房子可供挑選，所以購買的過程也饒富趣味，最後，我們找到了位於鄰近主要地區的一處三房兩廳的房子。屋主希望在幾天內折價出售，因為他和他的全家要搬到加州，那裡有一份新工作等著他。

屋主開價十萬兩千美元，我們只報價七萬九千美元，但他立即接受了。這處房產交易是建立在所謂非限制性貸款的基礎上，這意味著甚至是一位無業遊民不經銀行的許可也能購買。屋主債務為七萬二千美元，因此我同學只須支付七千美元，也就是房子售價和屋主債務的價差，就獲得了這處房產。一等屋主從房子裡遷走，我的同學就將房子出租出去，除去所有支付的費用，包括抵押貸款的利息後，他每月還有一百二十五美元的進帳。

他的計畫是持有這處房產十二年，並用每月一百二十五美元的收益歸還貸款本金，以便盡快還清抵押貸款。我們預計在十二年裡，抵押貸款的大部分將被償還。當他的第一個孩子上大學的時候，他就可能每月淨得八百美元，如果那時候價格合適，他還可以賣掉房子了，獲得一筆價值不菲的收入。

三年後，鳳凰城的房地產市場出現轉機，他的房客去居住過一段時間後，非常喜歡這棟房子，於是想出價十五萬六千美元將房子買下來。他又來問我的看法，我建議他以一〇三一遞延稅收交易方式賣掉這處房產。

突然之間，他擁有了大約八萬美元資金來進行運作。我致電給在德州奧斯汀的一位朋友，他旋即將這筆免稅資金轉移到一間有限合夥小倉儲公司。三個月內，他開始每個月收到略低於一千美元的投資收入。他把這筆錢再投入到大學共同基金，現在這筆基金增值得更快了。又過了幾年，這間小型倉儲賣掉了，他從這筆交易中收到了約為三十三萬美元的收益。然後，這筆資金又被投入到另一個專案，並給他帶來每月三千美元的收入，這些收入又被投入大學共同基金。他現在很有自信能輕鬆地籌到那筆四十萬美元的錢，而這一步的初始投資只有七千九百美元以及一點點「財務智商」。他將能夠輕鬆為孩子支付所需要的教育費用，也可以將基金的資產投入到他的公司，支付將來的退休生活。由於採取了一個成功的投資戰略，他將能夠提前退休去做一些自己想做的事情。

謝謝你閱讀這本書，我希望它能提供你一些有關利用金錢的力量為你工作的看法。今天，即使只是為了生存下去，我們也需要提高自己的財務智商。只有工作能創造錢，這是財務上不成熟的人的思想。這不意味著他們不聰明，只不過是沒有學到賺錢的學問。

金錢是一種思想，如果你想要更多錢，只需改變你的思想。任何一位白手起家的人總是在某種思想的指引下，從小生意做起，然後不斷做大。投資也是這樣，起初只需要投入一點錢，最後做到很大規模。我遇到過許多人，他們花了一生的時間來尋找大生意，或者試圖募集一大筆錢來做大生意，但是對於我來說，這是愚不可及的一種做法。我見到過太多不夠老練的投資人將自己大量的資本投入一項交易，然後很快損失掉其中的大部分，他們可能是好的職員，卻不是好的投資人。

金錢的教育和智慧非常重要。早點行動，買些好書，參加一些有用的課程，然後付諸行動，從小金額做起，逐漸做大。我將五千美元現金變成一百萬美元資產，並且每月產生五千美元現金流量，只花了不到六年時間，但是我依然像孩子一樣學習。我鼓勵你學習，因為這並不困難，事實上，只要你走上正軌，一切都會十分容易。

我想我已經把我的意思講清楚了，下面就是由你的頭腦來決定雙手該做些什麼的時候了。金錢是一種思想，有一本很棒的書叫《思考致富》，而不是《努力工作致富》。讓金錢為你辛勤工作，你的生活將會變得更輕鬆、更幸福。

採取行動吧！

高寶書版集團
gobooks.com.tw

RD024
富爸爸，窮爸爸【25 週年紀念版】
Rich Dad Poor Dad

作　　者　羅勃特 ·T· 清崎 (Robert T. Kiyosaki)
譯　　者　MTS 翻譯團隊
序文翻譯　林宜萱
編　　輯　洪春峰、陳柔含
封面設計　林政嘉
內頁排版　賴姵均
企　　畫　鍾惠鈞
版　　權　張莎凌

發 行 人　朱凱蕾
出　　版　英屬維京群島商高寶國際有限公司台灣分公司
　　　　　Global Group Holdings, Ltd.
地　　址　台北市內湖區洲子街 88 號 3 樓
網　　址　gobooks.com.tw
電　　話　（02）27992788
電　　郵　readers@gobooks.com.tw（讀者服務部）
傳　　真　出版部（02）27990909　行銷部（02）27993088
郵政劃撥　19394552
戶　　名　英屬維京群島商高寶國際有限公司台灣分公司
發　　行　英屬維京群島商高寶國際有限公司台灣分公司
初版日期　2016 年 7 月
二版日期　2018 年 7 月
三版日期　2022 年 7 月
四版日期　2022 年 10 月

四版：2022 年 09 月 14 日

國家圖書館出版品預行編目（CIP）資料

富爸爸，窮爸爸【25週年紀念版】/ 羅勃特 .T. 清崎（Robert T. Kiyosaki）著；MTS 翻譯團隊譯 . -- 四版 . -- 臺北市：英屬維京群島商高寶國際有限公司臺灣分公司，2022.10
面；　公分 .--（RD024）
25 週年紀念版
譯自：Rich dad poor dad
ISBN 978-986-506-467-9（平裝）
1.CST: 個人理財　2.CST: 投資
563　　111009338